人生でひとつでも、夢中になれることを見つけられた人間は幸せ者だ。
ある日、雪とスキーに魅せられた男が、新たな雪と感動を求めて旅に出た。
スキーを担ぎ、国境のない地図を片手に。

旅立ち

家族が次々にインフルエンザに倒れていく中、気力で感染を免れた。
「大丈夫だから…、気を付けて行ってきて…」
奥さんが床に伏したまま力なく手を振っていた。
俺は、子供達の寝顔を撫でると、後ろめたい気分のままそっと自宅を後にした。
昨晩から降っていた雪が町中を真っ白に包み込んでいた。
全国的にも暖冬で春の訪れが早かったが、何もこのタイミングで降らなくても…。
明らかにパウダースノーが大好きなスキーヤー・スノーボーダーにとって最高の1日になる予感。
そんな眩しい朝に見送られて、俺たちは何か流れに逆らうようにして旅立っていく。
行き先が行き先だから尚更だ。
この心境はモロッコやアイスランドへの出発直前に感じた単純なワクワク感とは明らかに異質だし、
レバノンの時のような謎めいたものに巡り会うドキドキ感とも違っていた。
若い頃から何度も行きかけては足を留めてきた。
「混沌」という言葉がしっくりくる国。
常識が一切通用しない国…。
あらゆる意味で旅人を飲み込んでは吐き出してきたインド。
まさか40歳を越えて、改めてこの国の土を踏むことになろうとは…。
「インドの奥地（カシミール）にとんでもないスキー場があるらしい」という噂を初めて聞いたのは、もう随分前のことだ。
カシミールは「地上の楽園」と呼ばれている一方、インドとパキスタンの度重なる戦争で前線となっており、
現在は停戦中とはいえ、世界で最も危険なエリアの一つに数えられていた。
そんなところにヨーロッパ人もびっくりのスキーリゾートがあるというもんだから、
「そんな危ない場所にスキーリゾートなんて作って、一体誰が遊びに行くって言うんだよ！」
とツッコミを入れずにはいられない。
実は、「地球を滑る旅」の第一弾で最有力候補だったのが、このカシミールだったのだ。
しかし、当時のカシミールは政情があまりにも悪く、泣く泣く諦めざるをえなかった。
「その代替案がレバノンかよ！ 充分危ないだろ！」という感じだが、俺たちにとってカシミールは、
行きたい場所というよりは、何か「行かなければならない」という使命感すら感じる場所として、
ずっと心の中に引っかかり続けてきたのだ。

KASHMIR

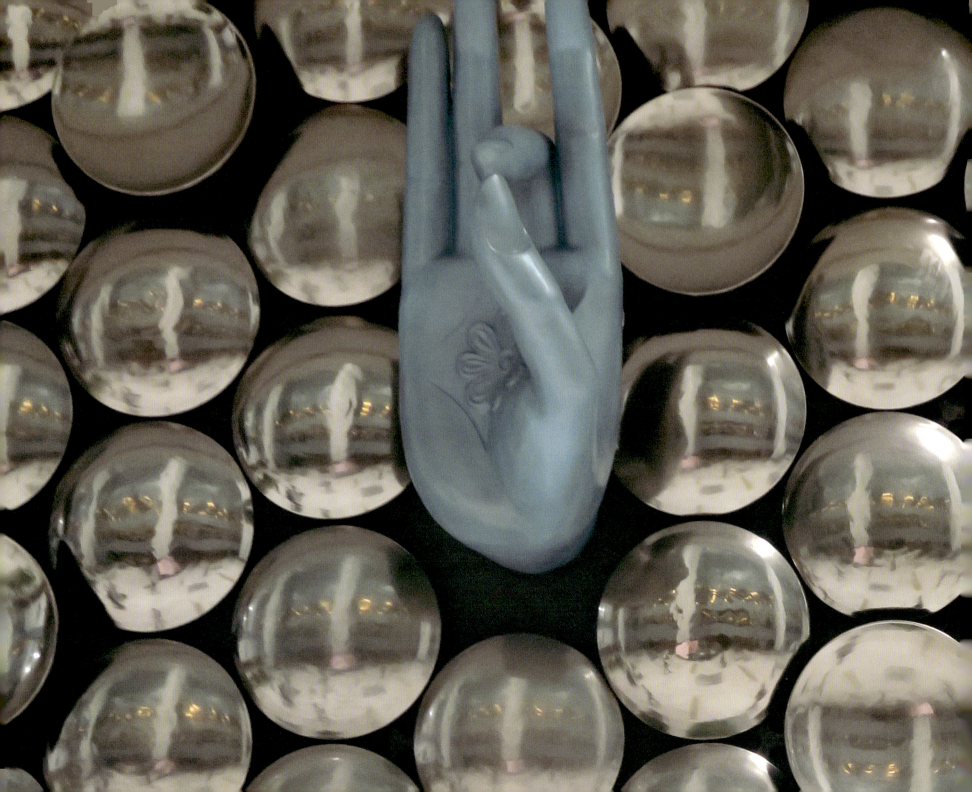

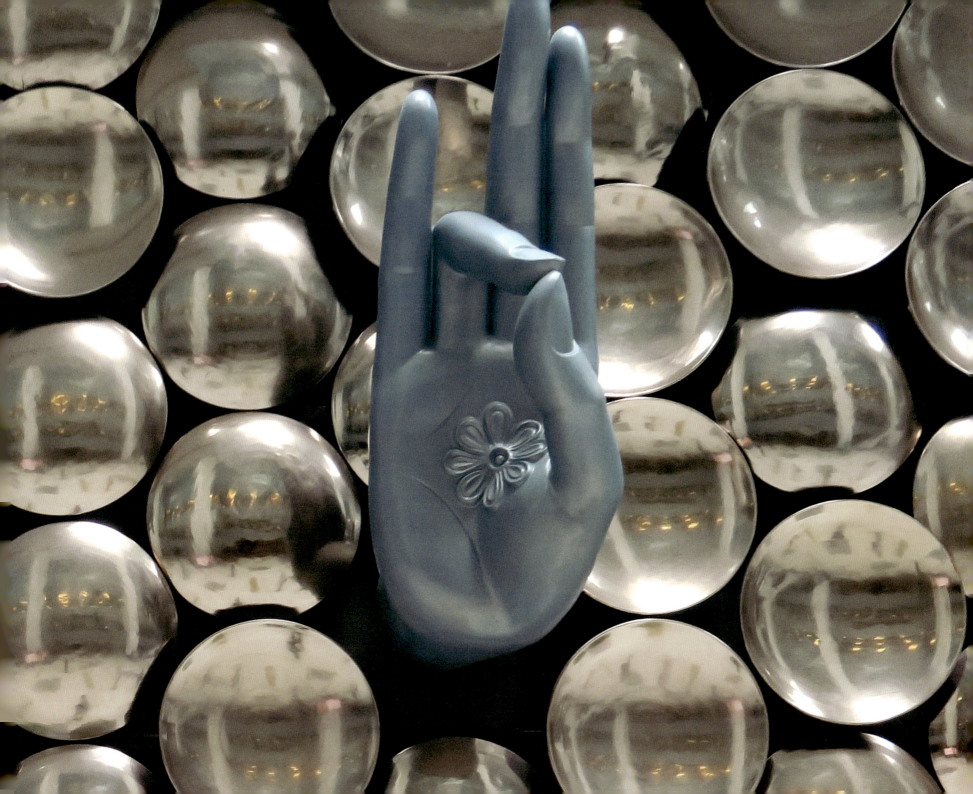

俺が子供の頃から大好きで、今もなお憧れ続けている「スキー」と「旅」。それは自分にとって普遍であり、現在42歳の俺にとって、今更ブレそうにない。そんな俺がカメラマンの圭と共に企てたのが、スキーを背負って地球を旅するプロジェクト、その名も「地球を滑る旅」だ。

一般的に働き盛りと言われるアラフォー男が、まるで小学生のような夢を語り出したのだから、家族もたまったもんじゃないと思う。しかし、俺は「やりたいことを実行していく背中を子供たちに見せたい」という耳障りの良い言葉を並べ、嫁さんを洗脳することに成功している。さらに、シリーズ化という作戦が功を奏し、家族はもとよりスポンサー企業の皆さんまで、「来年はどこに行くの？」と目をキラキラさせながら聞いてくれるようにまでなった。

そんな状況に助けられながらも、相変わらず俺たちの旅の計画は冬の忙しさで全く進まない状態だった。毎回、「学習能力がない」と自嘲してきたが、はっきり言ってこの性格はもう変わりそうにない。無計画力、鈍感力という言葉を地でいくしかない。というわけで、案の定、計画自体が進行し始めたのが、出発まで1ヶ月を切った2月末。決まったのは出国と帰国の日程だけ。行動に移したのはエアチケットの手配のみ…。俺たちは今まで無計画だからこそ偶然の出会いに恵まれ、レバノン、モロッコ、アイスランドと、自分たち色の旅を描いてきた。音楽であれば即興。スキーにしても旅にしてもインスピレーションを大切にしたいという、俺と圭の共通した想いがそこにある。しかし、その想いが今回の旅には全く通用せず、様々なトラブルの種になろうとは…。まだ知る由もない。

「マジで？」
空港のチェックインカウンターで、俺と圭は思わず顔を見合わせた。
今まで空港といえば戦いの場であった。機内持ち込みにしても、預け荷物にしても、制限が多くなっている今、格安航空券旅行者なのに巨大な荷物を持った俺たちは、はっきり言って航空会社にとって良いお客様ではない。オーバーチャージをいかに最少に抑えるかが、この旅の明暗を分けると言っても過言ではない。実際、モロッコ出発のエミレーツ航空は泣きたくなるほど荷物にシビアで、かなりの荷物を空港の出発ロビーに置き去りにし、さらに多額のオーバーチャージを支払って、出発時刻ギリギリで滑り込んだという苦い経験をしていた。
「イェ～イ！」
俺と圭はサッカーのW杯でゴールを決めたかのようなハイタッチ。なんとオーバーチャージなしでのチェックインに成功したのだ。しかも、終始笑顔の神対応！ この旅でチェックインのときにこんな接客をされたのは初めてだった。何しろ、今回のフライトはANA（全日空）である。これが日本の「お・も・て・な・し」か！
ただチェックインしただけで喜びまくっている俺たちを見て、他のお客さんはドン引きしている。
こうしてすんなりデリー行きの直行便に乗った俺たち。今までの国に比べれば、距離的にも近いし、直行便である。さらに、思いのほか空いていて横になるスペースがあったし、スターウォーズなど面白い映画がたくさんあって、気付いたときにはインド上空であった。

フライト中、あえてガイドブックを見なかったし、あえてインドのことを考えなかった。これから確実に訪れる濃厚な日々を想像しただけで、変な胸騒ぎに苛まれ、俺たちは到着直前まで現実逃避していたのだ。
飛行機が徐々に高度を下げ始めた。深夜0時を回っているというのに、なんという光の数だろうか。昨年、アイスランドの上空から見た光景とは、全く真逆の光景だった。遥か彼方まで埋め尽くされた光の粒。強い光ではないが、見渡す限り人間が住んでいることが、上空からでも確認することができた。人を寄せ付けない厳しい自然の中に身を投じたグリーランドやアイスランドでの緊張感。それとは違う緊張感が胸の中で膨らんでいた。

ニューデリーの洗礼

俺たちの最大の弱点は、荷物が多すぎることだ。
今までは、その弱点をレンタカーという翼が補ってくれたお陰で、自由自在に旅をすることができたのだが、今回はかなり勝手が違っていた。
出発直前に運転免許試験場に飛び込んで国際免許を取得してきたけど、多分使うことはないだろう。インドにはレンタカーという制度自体がなく、運転手付きレンタカーを手配して、借りた人も運転できるオプションをつけるのだという。そんなの全然意味がないではないか。それに、インドは広すぎるので、何箇所かで飛行機を利用する可能性もあった。こうして、俺たちは「地球を滑る旅」の代名詞でもあるレンタカーを諦めたのだった。しかし、いざレンタカーを使わないとなると、今までの無計画スタイルでは動くに動けない。
俺たちはデリーでの移動をかなり警戒していた。
Googleで「デリー、旅行」と検索すると、出てくる出てくる。ありとあらゆる詐欺、スリなどの被害のオンパレード。
でも、俺は軽犯罪者の巣窟である南米大陸を2ヶ月も放浪した経験があったし、世界で最も不安定なエリアのひとつに挙げられるレバノンや、世界三大ウザい国と言われるモロッコを旅して経験値を上げてきたのだ。デリーの軽犯罪なんて眼中にはない。俺たちが警戒しているのは、カシミールの政情だった。
深夜なので、安いタクシーを利用したら、何かトラブルに巻き込まれそうだ。俺と圭は今まで痛い目を見てきた学習を生かして、空港構内のプリペイドタクシー会社でタクシーを手配し、しっかりと行き先を告げた。旅の序盤なので、ここは多少値が張っても一番の安全策をという算段だった。もしトラブルにあったときの保険に、記念撮影を装ってタクシーの運ちゃんのライセンスと車のナンバープレートを写真に収めた。
空港から10分ほど走り、ラブホテル街のような派手な電飾のホテルが立ち並ぶエリアに突入し、車はメイン通りからかなり奥まったところにある寂れたホテルに停車した。
運転手「は〜い。着いたよ〜」
いや〜、いろいろ神経質になっていたけど、無事にホテルに辿り着けて良かった。多くの旅行者が、しょっぱなからホテルに辿り着けず、法外な料金を請求するホテルに連れて行かれ、料金を支払わなかったら監禁された…など、物騒な体験談を耳にしていたからだ。
俺「予約していた児玉です」
フロント「はい。それでは、宿帳の記入をお願いします」
フロント「1泊7,000ルピーです」
俺「はぁ？ 予約していた値段とぜんぜん違うんだけど？」
携帯で予約情報を開き、フロントのおっさんに見せつける。
フロント「その予約は入ってないよ。はい、7,000ルピー払って」
俺「は？ 何を？」
なんか変だと思ったら、なんだこの宿？ 見たこともない名前！
とぼける運転手を捕まえて、
「ちょっと！ 伝えていたホテルと違うじゃないか！」と少し強い口調で言った。
「あ〜、あのホテルは改装中で休業中だよ。このホテルの方が良いホテルだから間違いないよ」
俺としたことが！ 超初歩的な手口にやられた！
崩れ落ちていく旅のエキスパートとしての自信。

運転手の野郎、これ見よがしにタクシーのナンバープレートや顔写真つきのライセンスまで写真に収めてプレッシャーをかけたっていうのに、ツラッと騙しやがったのだ。
運「このホテルがいいぞ。さぁ、荷物を下ろそう」
俺「うおい！ 予約したホテルに連れて行けって！！」
俺としたことが、ついに声を荒げてしまった。
人前で声を荒げるなんて、高校2年生の時以来である。
「タケちゃんが怒った！ タケちゃんが怒った！」と圭は騙されたことよりも、俺が怒ったことに驚いているし（苦笑）。
運転手を睨みつけて、ようやく予約していた宿に辿り着いたと思ったら、フロントで居眠りをしていたチョビ髭オヤジが、面倒臭そうに「今日は部屋がいっぱいだ」とのたまっている。
「何言っちゃってんの？ ほれ、booking.comでちゃんと予約してるから！ これが予約番号！」
どう見ても人気がある宿には見えないし、ましてや旅行の超閑散期である。俺がしぶとく交渉している間も、何度も生あくびをして、心ここにあらずといったチョビ髭オヤジ。単に面倒くさいだけなのが見え見えだ。
結局、俺は「最悪の宿だ！」という捨て台詞を吐いて、宿を後にした。さすがの俺たちも面倒臭くなって、すぐ近くの宿に交渉することにした。
「はい。1泊7,000ルピーです」
示し合わせたかのように、フロントスタッフは涼しい顔をして言った。
「ディスカウントしてくれない？」と泣きついてみるも、
「フィックスプラ〜イス」と憎たらしくも自信満々の表情だ。

無理もない。片や今日の宿にありつけず、うろたえている日本人に対し、そのような困った旅行者の足元を見て料金を提示してくるフロントスタッフ。おいおい、このエリアのホテル組合で、困った旅行者の対応価格を設定しているのかよ！？
このままでは、同じような押し問答がどのホテルに行っても繰り返されることだろう。
「もういいや！ 面倒臭いからここにしよう！」半ばキレ気味でチェックインを済ませた。ANAのキャビンアテンダントの笑顔に見送られてから、たかだか2時間ほどしか経っていないのに、妙に身体がズッシリと重たく感じた。薄暗く殺風景な客室はカビ臭く、古いエアコンが今にも壊れそうな悲鳴をあげて回っている。入国記念にさっそく乾杯といきたいところだったが、圭は「俺、あんまり体調良くないから、タケちゃん、飲んでいいよ」なんて言う始末…。
俺はひどくきしむベッドに横たわり、虫がブンブン飛び回る天井を見上げながら、温いビールをちびちび口に運んだ。ビールの味は、気分に比例するようだ。「地球を滑る旅」は妙に低いテンションからのスタートである！

朝、目が覚めると、虫に刺されてボコボコだった。
窓の外ではクラクションのオーケストラが絶え間なく鳴り響いている。
今まであらゆるビンボー旅行をしてきたけど、ここ最近はバックパッカー的な旅はご無沙汰だったので、いろいろな意味で慣れていかなければならない。
特に衛生面に関しては、どこまで許せるのかの線引きが難しい。

日本的なモノサシで生活しようと思うと、この国では5ツ星ホテルに引き篭もらなければならない。日本の保健所が入ったら、間違いなくインドのすべての飲食店は営業停止だろう。かといって、現地の人と同じような生活を全て受け入れれば、免疫のない我々は食あたりや伝染病の恰好の餌食だ。
「いや〜、参ったね」
圭が浮かない表情で言った。
時差ボケに加え、40度に迫る酷暑。さらに追い討ちをかけるようにして、食アタリになった圭は、早くもHP10を切っており、あと一回でも攻撃を受けたら死亡してしまいそうだ。
参ったのは体調のこともあるが、旅が始まって早々、デリーで二の足を踏むことになったことだ。「地球を滑る旅」の信条として、「なるべく下調べをしない」というものがある。パソコンでいろいろと検索すれば、世界各地の人々の旅ブログや旅情報が引き出せるかもしれないが、その分、失っているものも多い気がするからだ。俺たちは現地での直感やタイミングを重視したいと思っていた。しかし、今回思い知らされたのは、最低限調べておくべきこともあるということだった。

デリーに到着すれば、あとは陸続きだから何とでもなると思い込んでいた自分が甘かった。インドのエキスパートであるプロスノーボーダーの山ちゃん（山内一志）から「スリナガルまで陸路で行こうと思っているなら、片道10日間くらいかかる覚悟をしておいたほうが良いよ」という情報が入ったのだ。ちょっと待てよ…。
俺が元々イメージしていたのは、スリナガルまで電車とバスを乗り継いで片道3日という行程だった。そもそも、片道に10日間も

要してしまったら、移動だけで旅が終わってしまうではないか。「なんで？」という問いに対し、山ちゃんの「ここはインドだから」という答えになってない回答が何故か妙に信憑性があった。インドのバスや列車の遅延が凄まじいという噂は常々耳にしていたので、通常２週間程度の旅を延長して３週間に設定したのだが、それでも全く足りないということか…。
慌ててスリナガルへの移動を調べてみると、出てくる出てくる、移動における様々なトラブルのオンパレード。中には武装した山賊にバスジャックされたなど、笑えないトラブルもあった…。
結局、俺たちはバスでの移動を諦め、空路でスリナガルを目指す決心をするのであった。しかし、スリナガルへの便が満席で、なんとか取れたのが３日後のフライトと来たもんだ。こんなことなら、デリー空港の乗り継ぎでそのままスリナガルを目指すべきだった。
旅のプランに関して一切を任せてもらっていた自分の責任なのだが、体調不良の圭は何一つ俺を責めずに言うのだった。
「これがインドなんでしょ？ ３日間でインドに順応しようか」

あらゆる匂いが混在する熱風に息が詰まりそうだった。
インドの生活感に触れようと、地下鉄で降り立ったニューデリーの下町、チャンドニーチョーク。絶え間なく鳴り響くクラクション。何のルールもなく、一斉に行き交う人々やリクシャーの渋滞。色とりどりの野菜や果実、時計や靴などの商店が所狭しと立ち並び、生ゴミや小便の不快な臭いに混じって、スパイスの香りが立ち込める。すれ違う人と脂ぎった汗が触れ合い、体臭が混じり合う。これを歩いているというのだろうか。俺と圭は人間の河になす術もなく、流れに身を任せながら、金魚のようにパクパクと呼吸するだけでやっとだった。
覚悟はしていたが、何てところに来てしまったのだろうか。
圭に話しかけた言葉が、クラクションでことごとく掻き消されてしまう。インドの文化に触れ、あわよくば撮影をしようという目論見は、あっという間に萎んで消えた。ようやく世界遺産のラールキラーに辿り着いたときには、全身汗まみれ。観光したい心のゆとりなど残っているわけもない。
「せっかく無駄に時間があるから、ちょっと郊外に足を伸ばしてみようか」と提案したのは俺だった。圭は、荷物を部屋に置いて遠くに出ることをひどく心配していた。俺たちの装備はインドでは手に入らないものばかりだし、ホテルのスタッフすら信用できないメンタリティになっていた。しかし、電車で２時間半ほど走ったところに、世界で一番美しい建造物と呼ばれるタージマハールを始め、超貴重な文化遺産が目白押しのエリアがあるのだ。今のところ、インドの第一印象から言うと、二度訪れる可能性がかなり低い国と言えるだけに、このチャンスを生かさないと後悔する気がした。
圭はできる限り日帰りを希望していたが、時間通りことが進むことがほとんどないと言っていいインドで、そのプランはあまりにもギャンブル過ぎる。一応、アーグラに宿を予約して、ニューデリー駅に向かった。
ニューデリー駅といえば、日本人旅行者が騙される事件が最も多く発生している場所である。夢に溢れた若者がバックパックを担いでこの駅に降り立った初日に、様々な手口の詐欺にかかって散財し、その後、ビンボー旅行を強いられている。インドを訪れる日本人旅行者のうち、約９割の人がスリや詐欺の被害に遭っているというから恐ろしい。そんな前情報が少なからずあったので、俺も圭も警戒しまくっていた。話しかけてくる奴は全員シカトだ。しつこく話しかけてくるリクシャードライバーを振り切って、駅のロビーに突入した。旅行者だけではなく、様々な商売をする人、何をしに来ているか不明な人など、数え切れないほどの人々で溢れかえっている。この中の何人、いや何割の人がスリや詐欺師なのだろうか。俺たちは完全に人間不信になってしまっていた。
早速、チケットを買おうとしたが、窓口が無数にあり、どこで買って良いのか皆目見当がつかない。そういえば、駅の構内に外国人専用の予約デスクがあったはずだ。何とか観光客オーラを消して、一般市民に紛れたいところなんだけど、地図を見ながらキョロキョロしていてはバレバレも良いところだ。
「何かわからないことあるかね？」
さっそく声をかけてきたのは、小綺麗な服装をした大柄の紳士風４０代男だった。
あ〜、やっぱり来たか…。
俺も圭も無視を決め込んでスタスタと歩きながら、一方、心の中にもう一人の自分が存在していることを感じていた。小綺麗な紳士風男は、もしかしたら生活にゆとりのある人で、本当に親切心で話しかけて来たのかもしれない。何だかんだ言って、俺はできる限り人を信じたかった。今まで心を開いたことで世界の各地でかけがえのない出会いに恵まれてきたからだ。全てのインド人を疑ってはならない。騙そうとしている人はほんの一部の人たちのはずだ。

「アーグラまで行こうと思っているんだけど、チケットオフィスがわからなくて」俺は歩みを止めず、独り言のように言った。すると、紳士は時刻表を指差して、
「アーグラは10番線から14：40出発だよ」と言った。
今までの詐欺師たちと違い、畳み掛けるような強引さはない。もしかして、観光協会か何かで雇われている案内人だったり？
　俺はもう一つ質問を投げかけてみた。
「外国人専用のチケットオフィスってどこ？」
ここで無理やり変なところに連れて行こうとするなら、間違いなく詐欺師確定だ。しかし、紳士の対応は違っていた。
「前まで駅構内にあったオフィスはなくなってしまって、今は観光案内所で外国人旅行者向けの発券を行なっているみたいだよ。観光案内所の場所は知っているかい？ 知らなかったら外のリクシャードライバーに観光案内所に行ってと言えばいいよ。多分20ルピーも払えば行ってくれると思うよ」
思いがけない対応に、俺はしばらく目を瞬かせていた。紳士の対応から、お金を騙そうだなんて雰囲気は微塵も感じられない。
「あと、人前でなるべくお金を広げちゃダメだよ。盗まれないように気をつけてね！」と言って紳士はニコッと笑顔を見せると、
「じゃあね」と右手を上げて颯爽と歩いていった。
「圭…、俺、インドに来て初めていい人に出会ったかも」
俺は少しうっとりしながら、親切心の余韻に浸っていた。少しでも彼を疑った自分を責めていた。インドとはいえども、捨てる神あれば拾う神ありだ！
「じゃ、早速リクシャーを拾いに行こう！」
階段をスキップするように下りていく俺を、圭が後ろで「ちょっと待って」と呼び止めた。
「なんか嫌な予感がする。この状況、昨日何かで読んだような…」
なるべく開かないようにしていた旅情報本。昨日、圭がたまたま読んだのが、様々な現地での被害を綴った体験談のページだった。圭は本の一節を指差して、
「タケちゃん、これ読んでみて」と言った。
「どれどれ…。外国人専用の窓口を探していたら、紳士風の男に声をかけられ…、外国人専用窓口は移転してしまって、観光案内所に行けばすぐに対応してくれるよと言われ…、親切な対応だったので信用して、近くのリクシャーに乗って観光案内所に向かうと、実はドライバーもグルで、連れて行かれたのは法外な料金を請求する悪徳観業者。結局、料金を支払うまで監禁される羽目に……って、まんま俺たちじゃん！」
つい10秒前まで俺の中に描かれていた、インドで一番親切な紳士像が、一瞬にしてインドで最も腹黒い鬼畜に変貌した。
「くっそ〜！ あの野郎！」
俺たちは、怒り以上に初歩的な手口にまんまと引っかかりそうになったことによる、自信の崩壊を感じていた。悲しいかな、100％信用できるのは自分たちしかいないのだ。俺は20年旅を続けても依然中学生レベルの英語力を駆使して、ひとまずアーグラまでの片道キップを手にした。日本では、旅先で困ったときは人に聞くのが一番確実だが、インドでは人に聞くのが一番疑わしいから困ったもんだ。
すっかり時間を食ってしまったので、駅のホームに急ぐことにしよう。すると、さっき騙そうとした紳士風詐欺師がまたしても声をかけてきた。

「お〜君たち、リクシャーはあっちだよ。早く買いに行かないと電車に間に合わないよ！」
「アドバイスありがとう。お陰で無事キップを購入できたよ！」とチケットを見せながらニンマリ笑ってみせると、
「おいおい！ それは地元民用のキップだよ。観光案内所で観光客用のチケットを発券してもらわないと…」手を伸ばす詐欺師だが、もう一度、
「君はすごく親切な人だね！ 本当にありがとう！」と誉め殺して振り切った。
コイツは来る日も来る日もたくさんの観光客を騙して、後で追求されてもすっとぼける毎日を過ごしているのだろう。俺たちはその手には乗らない！ 圭がいなかったら100％騙されていたが（油汗）！
駅のホームに入るには、検査機での荷物検査が義務付けられていた。
しかし、貴重品も含め、すべての荷物から一度手を離さざるを得ないX線検査は、人々がごった返したニューデリー駅では、生きた心地がしない。
荷物全てを検査機のベルトコンベアに乗せると、一瞬たりとも荷物から目を逸らさないよう集中した。はっきり言って、セキュリティの係員すら俺は信用していない。インドのような国では、権限を与えられた人ほど危ないのが現実だ。実際に、俺は様々な国の税関職員や、警察に不当なことでイチャモンをつけられ、「見逃してやるから金をよこせ」という要求に泣く泣く応えてきた過去があった。
荷物が検査機の中に入ったのを見計らって、素早く金属探知機

のゲートをくぐって荷物を先回りしようと思ったが、前が詰まっていて中々先に進めない。
出てきた荷物が誰かに盗まれないよう、一瞬たりとも目を逸らさず監視する。
他のお客たちも、先を急いでいるのか、やたらとグイグイ押してくる。おい！ 押すなって！ こっちは自分の貴重品に集中してるんだから！
そのとき、言葉では上手く表現できない「いやな予感」が脳ミソを貫いた。と同時に、頭で考える前に身体が反応していた。絶対目を離したくない貴重品から視線を外し、死角に消えていく一人の男をロックオンした。
男の手には、見覚えのあるiPhoneと100ルピー紙幣が掴まれていた。俺の呑気な脳ミソが反応する前に、緊急用の予備知能が働いて、気づいたときには携帯を指差して、「おい！ 俺のだぞ！」と叫んでいた。男は咄嗟に携帯と紙幣を床に落とし、両手を上げてしらばっくれている。
ナイス俺！ あと0.5秒でも遅かったら、確実にやられていた！
よく見ると犯人は14歳くらいの少年ではないか。ここで少年の首根っこを捕まえて、警察に突き出すこともできるが、結局、窃盗未遂ということで、軽く注意くらいで終わることだろう。この街では、窃盗未遂程度で真剣に対応するほど、警察は暇ではないのだ。時間の無駄だ。さっさと先を急ぐことにしよう。
それにしても、ほんの一瞬の隙にポケットから確実に携帯電話と紙幣を抜き取る技術…。しかも、あの完璧なシチュエーションとタイミングは、奴単独の犯行ではなく、周囲にいた人たちもグルであることを匂わせる犯行だった。この駅構内に、このようなプロフェッショナル盗人小僧がどれだけ息を潜めているのだろうか。ホームを埋め尽くす人々を眺めながら、俺の胸にはもはや嫌な予感しかなかった。
インドの列車は、日本の電車のように時間きっかりで稼働していない。日本での1分の誤差がインドでは2時間の誤差。日本の5分の誤差がインドの1日の誤差といったところか。こんな感じなので、現地人は「急いでも仕方ない」と最初から諦めている。というか、インド人にとってはこれが電車なのだ。ホームでは、いつ到着するか見当のつかない電車を待つのに、ホームにゴザを敷いて寝ている人が目立つ。中にはどう見たって切符を持っていなそうなホームレス風の家族も…。無賃乗車は、インドではありふれた光景になっている。時折ホームで倒れている人は、本当に倒れているのか、病人を装って無賃乗車する人なのかは定かではない。まぁ、とにかくホームは何でもありな状況に満ち溢れていた。
珍しく30分程度の遅れで到着したアーグラ行きの列車を見た瞬間、隣で圭が完全に固まったのがわかった。遠くアムリトサルから到着した赤錆の塊のような列車の窓から覗く車内は、東京の満員電車とはまた違った不快感を放っていた。鉄格子の車窓から覗く薄暗い混み合った車内。ドアからはみ出した人々。そして、乗客の誰もが移動に疲れきって、死んだ魚のような目をしていた。言い方は悪いが、まるで家畜を運ぶ列車のようだった。詐欺やスリに脅かされ、人間不信の真っ最中にあった俺と圭にとって、この列車の中に入ること自体が、物凄く覚悟のいることだった。放心状態の圭の表情を見れば、何を云わんとしているかは明確だった。しかし、旅のエキスパートとしての自信を取り戻したかった俺としては、簡単に作戦変更はしたくなかった。
「ちょっと車内を見てくるよ」
俺はそう言って入口のステップを駆け上がった。車内に入った瞬間、どんよりと重たく暑い空気が全身に絡みついてくるのを感じた。息が詰まるほどの体臭と香辛料の香り。重たいのは空気だけではなかった。たくさんの怪しげな目線が、一斉に俺に向けられていた。
たまらずホームに飛び出ると、外で待っていた圭に言った。
「かなりレベル高いかも…」
圭はしばらく考え込んでから、おもむろに言った。
「タケちゃん、ごめん。せっかく買ったチケットは無駄になっちゃうけど、仕切り直していいかな？」
今のメンタリティでは、この電車に乗ってアーグラに向かうことはもちろん、大切な荷物をホテルの部屋に置いたまま遠出することは、決死の冒険のようだった。
こうして、俺たちは不甲斐なさに打ちひしがれながら、駅をあとにした。

その後も被害はとどまることを知らず、帰りの階段で圭のポーチのジッパーが何者かによって開けられ、危うく財布を盗まれそうになった。逃げるようにマーケットに繰り出し、リクシャー（人力車）に乗っていれば安心と思っていたら、リクシャーと並行して自転車をこいでいた男に、またしても圭のポーチが開けられる事態に。いやはやなんて出鱈目な街なんだ！
「はは！ あはは！」
俺と圭は引きつった顔で、ただ笑うしかなかった。

ROAD TO KASHMIR

連日40度を超える猛暑だったし、行く先々で決まりごとのようにトラブルが待っているので、ホテルに引き籠りたい心情もあったが、俺と圭は努めて外に繰り出した。救いだったのは、俺も圭もインド料理が大好きで、どこの店でカリーやターリーを頼んでも、それなりの満足感を得ることができたことだった。「地球を滑る旅」は食レポも兼ねているので、俺も圭もできる限り聞いたことのないメニューをオーダーしては、「美味い！ 美味い！」と喜んで、その一つ一つを写真に収めて行った。しかし、写真を後から見てみると、どれもが茶色いペーストばかり。何が美味かった？ と聞かれたらカレーだし、何が不味かった？ と聞かれたらカレーだ（汗）。これでは食レポにならないではないか…。

インドの食文化と言えば、まずは手で食事をする文化である。インドでは左手が不浄の手で、便所でお尻を拭くときなどに使い、食事をするときは右手を使うのがマナー？ なのだが、俺は「大（便）の後に紙で拭かず、手で拭く」インド式のトイレ文化になかなか馴染めずにいた。

トイレで大を致したとき、慣れないので右手で拭いてしまうことが多く、結果的に両手が不浄の手になってしまう。できる限り綺麗に洗うのだが、手でウ○コを拭くことと、カレーを手で食べることがいっしょくたに感じられ、小学生時代に友人とふざけて言っていた「ウ○コ味のカレーとカレー味のウ○コ、どうしても食べなきゃならないなら、どっちを選ぶ？」というどうしようもない究極の選択が頭をよぎって気持ち悪くなってきた。

通常は水桶に貯めた水でチャパチャパやるのが基本形で、インドのトイレはどこに行っても床が水浸しだ。中には小さなシャワーのようなノズルが付いていて、それで洗うトイレもある。これが使い慣れてくると、結構気持ち良く感じられた。インド料理は基本的に辛いので、どうしてもトイレのときに大が熱いのだが、これを鎮めてくれる冷たいシャワーは、日本のウォシュレットより水が冷たく、バブル状で何とも言えない爽快感がある。そもそも、この文化が日本のウォシュレットの起源になっているのではないだろうか。

さて、埃とゴミでいっぱいの路地裏での生活に慣れてきた俺たちは、今度はインドの富裕層はどのような生活をしているのか、潜入調査をすることにした。

インドの貧富の差は世界的にも有名で、その実情を見ておくべきだと思っていた。デリー郊外のグルガオンという地区は、つい15年前くらいまでは埃っぽい村の集落に過ぎなかったが、急激な発展により、今は高層ビルが立ち並び、特にIT関連で成功した人々が集まり、日本でいう六本木ヒルズのような街になっている。ゴミ溜めのような路地からゲートでの持ち物検査を越えてショッピングモールに入った途端、ゴミ一つ落ちていないピカピカのフロアと華やかな商品が並ぶ近未来のような景観に変わった。いや、日本のショッピングモールと大差はないと思うのだが、塀の中と外であまりにも世界が違いすぎて、俺も圭もあっけにとられてしまった。一般的にインド女性は民族衣装のサリーを着ているのがほとんどで、その姿がとても綺麗なのだが、富裕層は洋服を身にまとい、サングラスをしている人が目立つ。日本でも大富豪の人を「住む世界が違う」というけれど、インドの場合は、実際に塀やゲートなどで世界が隔絶されており、富裕層は高級住宅街とショッピングモールなどの間を高級車で行き来し、外の世界とは無縁の生活を送っているのだ。

何だ？ この無機質で不気味な雰囲気は…。これだけ種類が豊富で、煌びやかに展示された商品だが、何一つ欲しいものがなかった。インドの衛生面や、人々のウザさ加減に散々愚痴をこぼしていた俺だが、これも何か違う気がしてならなかった。

圭としても写真を撮りたいものは何もなく、逃げるようにショッピングモールを後にした俺たちは、帰りの道端で髪を切っている床屋を目にした。

「髪、切ってみようかな」最初に言い出したのは圭だった。

汚れたタオルと汚れた櫛、霧吹きボトルに入った濁った水。

さっき髪を切っているのを見たけれど、一度も手を洗っていない床屋のおっさん。これも飲食同様に衛生的とは言えないが、そよ風が吹く木陰で髪を切ってもらうのは思いのほか心地好かった。おっさんのカットは気持ち良いくらい潔く、圭のモミアゲがパッツンと斜めに切られてテクノカットになったときには、写真を撮っている俺はもうプルプルもので笑いをこらえるのにやっとだった。カットが終わると痛いだけのマッサージをされ、最後に物凄い勢いで頭を揉みクシャにされた。

おっさんは全体的に力が強すぎる。

いじめのようなマッサージが終わると、痛みから解放されたことによる錯覚か、妙な爽快感を感じ、肩から上がスッと軽くなるのを感じた。

完璧なるルーティンを終え、いつものリズムで後片付けを終えると、おっさんは俺に向き直ってニッコリと笑った。今気づいたのだが、どうやらおっさんは目が不自由で、片目は全く見えていないようだ。

「ありがとう。お代はいくら？」

と聞くと、おっさんは「25ルピーいただきます」と正直に正規料金を言った。
俺と圭は何も言わずに50ルピーずつ出すと、おっさんはニンマリ笑って「ありがとう」と握手を求めてきた。
大切なのは、お金を持っているとか持っていないとか、そういうことじゃないと思った。自分の仕事にプライドを持って、他人に媚びずに精一杯生きているおっさんの姿がとてもカッコ良く見えた。
俺と圭は揃ってカツラ風の髪型になっていたが、来たときよりもずっと足取りが軽くなっているのを感じていた。自分たちから一歩踏み出すことで、今まで見えていなかった景色が見えるから不思議なものだ。

そうこうしているうちに？3日間は流れていった。
俺たちはこの3日間で、インドに順応することができただろうか？
人によってはすっかり順応し、「妙にクセになる」で噂のインドだが、逆にアレルギー反応を起こして「二度と行きたくない！」と言われるのがインドでもある。ただ、最初に刺激強めのニューデリーを経験したおかげで、この先の旅が少し楽に感じられそうな予感はあった。
国内線のフライトなので、そんなに早く空港に着かなくても良いのだが、過去に様々なイレギュラーを経験しているので、出発の4時間前に空港入りした。やっぱり気になるのはオーバーチャージだ。国際線はある程度荷物制限が多めに設定されているが、国内線ではそんなに多くないはずだ。
エアインディアの係員は、当たり前のように「オーバーチャージ

がかかります」と言った。俺の考えでは、俺はギリギリ引っかからず、圭のオーバーチャージを二人でシェアする算段だった。しかし、俺があっさり引っかかったので、圭はかなりオーバーすることが予想された。
「い…いくらですか？」
恐る恐る聞くと、係員は面倒臭そうに計算しながら、思い出したように「どこから来たの？」と聞いてきた。
俺は咄嗟に「日本からだよ。スターアライアンスメンバーのANAで来たよ」グループであるスターアライアンスを思いっきり強調して言った。
すると、係員の兄ちゃんは、隣にいるベテラン風おじさん係員に何やら相談し始めた。すると、おじさん係員の一言で荷物は全てスルーし、何の説明もなく、オーバーチャージなしであっさりとチェックインが完了した。しかも、何ということか！ 二人ともビジネスクラスにグレードアップされているではないか！！
もしかして、俺たちがスリナガルに行くことを知ったインドの大統領が手を回してくれたのだろうか？ でも、せっかくグレードアップしてもらえるなら、評判の悪いエアインディア運行のデリー→スリナガルというドローカル路線ではなく、デリー→成田のANA国際線が良かった…。
飛行機は小型の飛行機で、ビジネスクラスと言っても大したサービスはなく、足元が広いだけで浮かれているうちに、あっという間にヒマラヤの上空に差し掛かっていた。窓の外が異様に明るく感じ、ふと下界に目を向けてみた。
「なんてこった…」
ヒマラヤの玄関口に位置するマナリの上空あたりだと思うのだが、そこから先の景色はたっぷりと雪をまとった巨大な山々が、遥か彼方まで続いていた。俺はそれを見て思わず「雪山の海だ…」と呟いていた。
アラスカやグリーンランドに行ったとき、飛行機の上からとんでもない規模の氷河を目撃してきた。しかし、目の前にある山並みは、数々の国境をまたぎ、どこまでも続く世界の屋根の一部なのだ。その想像を絶する規模の大きさを俺はどのように言葉で表現して良いかわからなかった。
隣では、圭がCAに何度も注意されながら、隙さえあれば写真を撮っている。
「やばいね！」
圭の目の奥がこの旅に来て初めて光っていた。
デリーで巻き揉まれたトラブルの数々が、胸の中から洗い流されるのを感じていた。

空港に降り立った瞬間、ひんやりした空気とともに、何となく歓迎されていない雰囲気を感じていた。到着ロビーは薄暗く、いたるところに軍隊が自動小銃を抱えて待機してる。観光客は多少なりとも歓迎されるものだと思っていたし、一応インド内では避暑地として観光客が集う街だと聞いていたので、何か肩透かしにあったような気分だった。観光客は我々とヨーロッパから来たという老夫婦のわずか2組のみのようだ。インドが最も暑い5月上旬頃から賑わうらしく、今はウィンターシーズンとしてもサマーシーズンとしても中途半端な時期のようだ。

空港と言えば、デリーに到着したときの一件があったので、ホテルまでのタクシーを警戒しまくっていたが、タクシー乗り場では警察官が直々に観光客とタクシー運ちゃんをつなぐ手伝いをしていた。そのおかげで、陽気な小太りのおじさんドライバーを紹介され、何事もなく宿泊するシェルターヘリテイジホテルに到着することができた。タクシーの車窓からの景色を見ていても思ったが、ホテルの敷地に一歩入った途端、デリーとは全く違う文化なのを感じた。

「また来ちゃったね。イスラム圏」

今まで特にイスラム教の国を選んでいるわけではないのだが、怪しくも素敵な山々を目指すと、なぜかイスラム教の地に辿り着いた。レバノンしかり、モロッコしかり…。近年あちこちでテロが多発し、「イスラム」という響きに対するイメージは世界的に最悪だが、俺たちは、ムスリム特有の「客人をもてなす文化」に旅の先々で癒されてきた。とは言っても、ここもインドの一部である。俺も圭も警戒心は解いていなかった。

マラドーナに似た宿の主人がまず案内してくれたのは、カシミール産の絨毯と美しい刺繍が施されたカーテンで包まれた小さな部屋だった。部屋に靴を脱いで上がる文化にホッとする部分もあるが、妙に静かな部屋に「もしかして監禁されるのでは？」という良からぬ猜疑心も浮かび上がってしまう。そんな俺たちの前に差し出されたのは、シナモンの甘い香りが漂うカシミールティーと、素朴な味わいのカシミールクッキーだった。デリーで人を疑う癖が染み付いてしまったが、ここでようやくリラックスして良いことを知った。人を信じるという心を持てるということは、なんと心地好いことなんだろうか。宿の主人が、施設を一通り案内してくれたのだが、あちこちの部屋に親戚が住んでいて、赤ちゃんの泣き声が聞こえてくる。シャワーやトイレも含め、ゲスト用ではなく家族と共用だ。そのアットホーム感が今の俺たちにはたまらなく温かく感じた。すっかり気を良くした俺たちは、2週間ぶりのゲストだと張り切る主人に少しでもお金を落とそうと、今日1日のアレンジをお願いした。主人の案内で街に繰り出すと、あちこちの橋が工事中で、物凄い交通渋滞になっていた。3年前に起こった大洪水の被害がまだ色濃く残っており、未だ完全に復旧する目処は立っていないという。

「うちの宿も大きなダメージを受けたよ。そのとき、インド政府から支払われた見舞金はいくらだと思う？ 1,500ルピー（約2,300円）だよ」主人は歪んだ笑顔で言った。

宗教間と政治に揺れ動き、常に辛酸を舐めるような境遇で生活してきたカシミールの人々。インド、パキスタン、中国という相容れない国々の間で、彼らが心の拠り所としているのは、「カシミール人」としての誇りだ。

「俺たちはインド人ではなく、カシミール人なんだ」

物腰の柔らかい宿の主人が強い口調で言ったのは、たった一言だった。

「RIDE THE EARTH "INDIA"ではないね。この旅は…」圭が呟いた。

当初、国名で統一してタイトルをつけたいと言っていた圭だったが、インドという一つの国名でくくってしまうには、あまりにインドは広く、多様すぎた。

俺たちは観光をしながら、カシミールの人々が普段着として着ているフェラニを、多少のボッタクリ価格を甘んじて購入し、街に3件しかないという酒屋に向かった。どこでもお酒が手に入らないインドでは、買えるときに多めに買っておかなければならない。インドでは、宗教上の関係でお酒を飲むのはタブーとされており、観光案内所のオバちゃんに「酒屋はどこですか？」と聞いたら、「お酒はやめなさい！」と本気で説教されたほどだ。お酒を飲む人はロクでもないというイメージがあるらしく、実際にインド人で買いにきている人は、目の焦点が合っていない怪しい人ばかりだった。俺はエロ本を買いにきた中学生のような後ろめたい気持ちでビールを購入した。

その夜、カシミール絨毯の小さな部屋で、主人が特別に用意してくれたカシミール料理は、インド料理より辛く、ずっと食欲不振だった圭が「今までで一番美味い！」と叫ぶほどの美味だった。カシミールの家は気密性が悪く、夜になると部屋の中でもかなり冷え込む。主人の弟が小さな七輪を持ってきて、ポンチョのようなフェラニで七輪をまたぎ、暖をとるカシミール流の生活の知恵を教えてくれた。寒く静かな部屋で、カシミール絨毯の柔らかさと、七輪の火の温もりを感じながら、スリナガルの夜

はゆっくりと更けていった。
翌朝、宿のファミリーに別れを告げ、俺たちは1,500ルピーでチャーターしたタクシーに乗り込んだ。インド有数のアウトドアスポーツが盛んな地域なだけあって、バスもタクシーも四輪駆動だらけだ。俺たちの巨大なスキーバッグ2つは車内に入らなかったので、キャリアの上に乗せることになった。生憎、車にロープなどが載っていなかったようで、ドライバーは宿の主人に持ってないか聞いている。5秒ほどの沈黙を経て、二人はその辺のゴミをあさり始め、ひどく頼りない短い紐を見つけ、それでスキーを固定し始めた。
「ちょ、ちょっと待った！ 大丈夫？！」
慌てる俺に、二人は爽やかな笑顔で「大丈夫だ」と言った。
どこから来るんだ、その自信！ めっちゃいい人たちだけど、やっぱりインドなのか…！？

辺境の地を想像していたスリナガルだが、一応ジャンムー・カシミール州の夏季の州都ということもあって、結構人口が多いようだ。車で走っても走っても、なかなか交通渋滞から脱出することができない。辺境の地とは言っても人口的に飽和状態であるインドと中国だけは別のようだ。1時間ほど走って、ようやく順調に流れ始めた。徐々に菜の花や野菜の畑が広がり、山の麓までくると猿が現われ始めた。軍隊が常駐するゲートを越え、九十九折になった山道をグイグイと登って行く。車内には、陽気なドライバーお気に入りのインディアンポップスが大音量で響き渡り、その隣で上機嫌の圭が踊りまくっていた。
樹木がほとんどなかった里の景色が一変し、妙に背の高い針葉樹の単一林が始まると次第に道路脇に雪が目立ち始めた。かなり春めいてきた今だからいいけど、大雪が降ると言われている2月など、この急峻な山道は一体どんなことになっているのだろうか。「本当にこの先にスキー場なんてあるんだろうか」という一抹の不安を慰めるのは、確実に感じられる高度感だった。
「こんなところになぜスキー場が？」という場所にスキー場が出来た背景を探ると、大抵はイギリス、フランス、ドイツ、イタリア、スペイン、アメリカなどが世界各地に植民地や基地を広げた時代にさかのぼる。一度でも真っ白な雪山の頂から滑走したことがある人ならば、モロッコのアトラス山脈やインドのヒマラヤ山群に白く輝く雪山を目にしたとき、そこに各々のターンを刻みたいという欲求が湧き上がらないわけがない。これだけ不便な場所にスキー場があるということは、裏を返せば、そこまでしても行きたい場所だということなのだ。道のりが長ければ長いほど、俺たちの期待は膨らんでいった。

急な坂を登りきったところで最後の検問を越えると、急に空が広くなった気がした。そこは山の上とは思えないほど、広大な棚地となっており、商店や宿、寺院などが点在していた。どうやらグルマルグに到着したようだ。棚地の中央は広大な雪原になっていて、ソリで遊ぶ人々の姿、そして、その奥に圧倒的なボリューム感でどっしりと横たわるスキー場が見えた。いや、スキー場と呼ぶよりは山脈と呼んだほうがいいかもしれない。
「なんでこんなところにスキー場が？」と思っていた自分が大バカだと思った。ここにスキー場を作らない選択肢なんてありえない。自分がもし天地創造の神だとして、スキー場を作るための山を創造するならば、きっとこんな山を創造するだろう。
昼を過ぎて西に傾き始めた太陽が、スキー場の地形を立体的に浮かびあがらせ、今すぐにでもそこに行きたい欲求を掻き立ててくる。
一方、圭はあくまでもペースを変えず、じっくりと構えている様子だった。
「今日は焦って行かないで、明日に備えて準備しようよ」
そうだ。俺は常々、山を滑る行為は恋愛に似ていると思っていた。すぐ手が届きそうで届かない時間を楽しむのも、スキーの楽しさの一部だと思える心のゆとりを持ちたい。楽曲に前奏があるように、スキーにも前奏があるのだ。この午後は明日のための前奏を奏でようではないか。
刻一刻と表情を変える山並み、空の色合い、ソリに興じる人々、すべてから目が離せなかった。広場に人の姿がなくなり、野犬の遠吠えが至る所から聞こえるようになる頃、空では静かに天体のショーが始まっていた。

天国か地獄か

翌朝、まだ微睡みながら、カシミール刺繍のカーテンの隙間から見えた空は、雲ひとつない透き通った空だった。山が少しずつ色合いを変え、徐々に暖色に染まっていく。天気を判断させるのは視覚的なものだけではない。口では表現しにくいが、肌や鼻腔で感じられる乾燥した空気。今日一日が最高な一日になることを確信せずにはいられなかった。

「俺、硬いベッドのほうがよく寝られるんだよね」と、窓際のエクストラベッドで眠った圭は貧弱な布団が寒すぎて眠れなかったと言っている。連日の腹痛に加え、時差ボケ、寝不足。体調不良が圭のキャラのようになってきている。しかし、体調不良で俺と同じ行動をしているんだから、圭はある意味逞しい。

この冷え込みだと、標高4,000mのスキー場トップは確実にカリカリのアイスバーンだろう。ここは焦らず出発を10時半にした。今は日照時間も長くなっているし、16時〜17時の光が一番美しいことを、昨日のうちにチェックしておいた。ゆっくりやろうではないか。

宿からスキー場ベースまで、約3kmと中途半端に離れており、スキーを担いで歩くには少々面倒臭い距離だ。ここはオートリクシャーのドライバーに100円くらい支払ってサクッと行ってもらおう。

「運ちゃん、ゴンドラステーションまでいくら？」

「お〜、おはよう兄弟！ 特別価格1,000ルピー（2,000円）でいいぞ」

「オッケー。1,000ルピー…って何を抜かしとるんじゃボケ！」

ホント、インドに来てからというもの、怒りっぽくなったし、受け答えが関西のノリツッコミ風になってきてしまった。本当に疲れるから勘弁してほしい。グルマルグからスリナガルの2時間ドライブでも1,500ルピーだっていうのに、たった3kmで1,000ルピー？ 吹っかけるにもほどがあるぞ！

こっちとしては、目の前の美しい山並みに心ときめかせているときに、タクシーの値引き交渉が面倒臭いったらありゃしない。半ば投げやりに、300ルピーで行ってくれる兄ちゃんと交渉成立してゴンドラステーションに向かった。

リフトチケット売り場では、たったひとつの窓口に、凄い数の人々がハイエナのように食いついていた。少しでも早くお客のチケットを確保しようとするガイドたちと個人観光客に群がる多勢のダフ屋たちが、出口から逆行して窓口に刺さり込んでいくもんだから、全く進まないときたもんだ。

これもインド流なのかと思っていたが、さすがに他の観光客もイライラしていたのか、お客連合が激怒してガイドたちをブロックしにかかる。今にも乱闘に発展しそうな状況の中を何とかくぐり抜けて、ゴンドラチケットを入手することに成功した。この時点で全体力の30％を失ってしまったが、これだけでは済まないのがカシミールだ。

「マジで…？」

俺も圭も思わず、ボーゼンと立ち尽くしてしまった。

ゴンドラ駅舎の遥か手前から延々と続く長蛇の列。リフトチケットを買う人も多いと思ったが、その比ではない。先ほど横入りしまくっていたガイドたちが、先にお客を並ばせていて、チケットを購入してから「お待たせ〜♪」と言って合流する形だ。一人のガイドが30名ほど引率しているので、ガイド20名と見積もってもざっと600名。もちろん、フリーのお客も多勢いるので、果たして何人並んでいるのか皆目見当もつかない。しかも、なんか違和感があると思ったら、こんなにたくさん人がいるのにスキーを持っている人が一人もいないのだ。一昨年行ったモロッコを思い出した。モロッコのスキー場で出会ったのは、そのほとんどが雪を見に来た観光客とスキー初心者だったが、時折そこそこ滑れるスキーヤーもいて、独特のスキー文化に触れることができた。しかし、ここはどうだろうか？ スキーが上手な人はいないのは当たり前でも、一人もスキーヤーがいないっていうのは…。

「これって、山頂に着くの何時になるだろうね」

圭が苦笑いを浮かべて言った。

「ま、今日は初日だし、下見の1本でもできれば御の字でしょ〜」

圭に向けたはずの言葉は、実際は自分自身に向けてかけた慰めの言葉だった。何より1秒でも早く滑りたい自分を隠せずにはいられず、今にも「うお〜〜〜！」と狂おしい叫び声をあげそうだった。何せ、ここに来るまで、1週間も犠牲にしてきたのだ。

遅々として進まない長蛇の列の中で茫然自失な俺たちのほうに、何か呼びかける係員がいる。誰を呼んでいるのだろうか？ 周囲をぐるりと見渡してから、もう一度係員に向きなおると人相の悪い係員は5〜6歩前に歩み寄って、ぶっきらぼうに「お前らだ」と言った。

俺の頭の中で、ハイスピードで「危機管理システム」が作動していた。似たような状況を過去のデーターベースから洗い出すと、その先にはほぼ100％トラブルがあった。

「こっちに来い！」大柄の係員が野太い声で言った。

俺たちは何か不味いことをしただろうか？ もしかして、スパイと

間違われているとか？ イスラム教の地であり、常に危険がつきまとうカシミールである。

俺と圭は、覚悟を決めて係員について行った。どこかで取り調べを受けるか、監禁されて釈放する代わりに多額の金を支払わせられるか、様々な妄想が頭をよぎる。

イランにスキートリップに出かけた友人の話を思い出した。彼らはバックカントリーで雪崩を起こした罪で留置所送りとなり、写真のデータを没収されるという事件を起こしていた。

「よし。ここから前に進め」

と言って通されたのは長蛇の列の横のレーンだった。

「…え？」

一瞬何が起きたかわからなかった。長蛇の列とは別に、もう一つゴンドラ駅舎に入るレーンがあり、そこを辿っていくと、何と行列の最頭まで躍り出た。

「もしかして…？」

俺たちが通ったレーンは、スキーヤー専用のレーンだったのだ。スキー客は一人もいないので、つまりは俺たち専用のレーンということだ！

こうして、勝手にハラハラして、勝手にホッとして、狭いゴンドラに飛び乗った。インドのわりにちゃんとしたゴンドラだった。その昔、ニセコビレッジ（当時の東山プリンス）など、オシャレなリゾートに採用された丸い搬機で、谷側の3人と山側の3人が背中合わせで乗るタイプだ。この搬機のメリットは、外の景色を眺めやすいこと。なるほど、スキーよりも景色を眺める観光客をターゲットにかけられたゴンドラのようだ。俺たちと同じ搬機に乗った自称スキーガイドは、やたらとフレンドリーな兄ちゃんで、ゴンドラに乗って早々、「何でお前ら、1月や2月に来ないんだよ。バカだな〜。5日前まではパウダースノーだったんだぞ。滑り込みアウトだね。もうパウダーシーズンは終了〜」と不躾に言い放った。

「そっか〜」と少し残念に思いながらも、これだけ多くの雪があり、今実際にゴンドラで山頂に向かっているという現実が、俺たちにとってどんなにか恵まれた状況なのかを兄ちゃんは知る由もない。

まず、旅に出られたことで一つ目の条件をクリア。スリナガルに無事着いた時点で二つ目クリア。グルマルグに雪があった時点でかなり大きなポイントをクリア…といった具合に、俺たちは高望みしない癖が身についている。「地球を滑る旅」を続けていけば、もしかして積雪0cmという状況に巡り合うかもしれないが、そこから学べることや、そのときにしか表現できないことが必ずあるはずだ。ずっと滑り続けていけば、最高に良いコンディションに巡り会うこともあるし、命の危険にさらされることもあるだろう。大切なことは、今の状況をどのように捉え、どのように過ごすかだ。まぁ、いざとなったら砂の上でも、草の上でも、水の上でも滑ればいい。

ゴンドラの窓から眺める景色は、他のどのスキー場とも異質のものだった。

見たことがない背が高い長い針葉樹の単一林を縫うようにゴンドラは進んでいく。森林限界を抜けたところが、だだっ広い棚状の地形になっており、そこにある駅舎でゴンドラを降りた。1本で山頂に行けるものだと思っていたら、ゴンドラが縦に2本繋がっていて、山頂に行くには乗り換えなければならない。中間駅までででも充分に高いチケット料金だったけど、またしても支払わなきゃならないわけだ。ちなみに、このスキー場には1日券のようなものが売っていなかった。海外から来るスキー旅行者は1回券をたくさん購入して乗車しているんだろうか？ 山頂まで1回上がると約2,000円。この料金が安いか高いかは、滑ってみなければわからない。

ひっきりなしにゴンドラで上がっていくスキーをしない旅行者が、山の上で何をやっているんだろう？と思っていたが、中間駅から見渡せば一目瞭然だった。棚状地形にはスノーモービルパークや食堂屋台が広がり、スキーレンタルやソリレンタル、売店などなど、まるでお祭りのような盛り上がりを見せていた。その独特な雰囲気は大いに気になるけど、まずは山頂を目指そう。このはち切れんばかりの滑走欲をどうにかしないことには、正気でいることもままならない。

観光客の9割ほどが中間駅までの利用で、山頂に行く人はまばらだった。視界に全く収まりきらない広大な山を目の前にして、俺は全身の毛がふわ〜っと逆立つのを感じた。エキスパートのスキーヤーが一番好む斜度、滑らかで美しい雪面、すべての地形をコーティングする豊富な積雪、贅沢な標高差、後立山連峰を思わせる長大な頂上稜線から優美な雪沢がフォールラインに伸びている。これだけの山域の真ん中にドンと1本、堂々と架かっているゴンドラ。この1本のゴンドラで滑れるエリアは果たしてどんなに広大なのだろうか。世界各地のスキー場を周ってきた自分ですら、頭の中が混乱するくらいの規模だ。

今まで、ずっと霞がかっていたグルマルグのイメージがくっきりと浮き彫りになっていくのを感じた。世界で最も危険なエリアの

一つに数えられるカシミール地方と、スキーリゾートという
イメージが今までどうしても結びつかなかったのだ。政情不安
の大波がおさまる一瞬をついてこの土地を訪れる人々は、決し
てスリルを好む人々ではない。人々に「地上の楽園」と呼ばれる
表情こそが本当のカシミールの顔なのだ。
急斜面を舐めるようにしてゴンドラが高度を上げて行くと、右
に左に次々と魅力的なラインが飛び込んでくると同時に、至る
所に雪崩の破断面やデブリが目についた。このスキー場が一部
のスキーマニアにとって有名な理由は幾つかあるが、その理由
の一つは雪崩なのだ。雪崩のリスクが高まる要素が全て揃って
いるスキー場と言っても良いかもしれない。まず、大規模な雪崩
を引き起こす弱層が形成されやすい気候であること。降雪量が
非常に多いこと。ダイナマイトなどによるアバランチコントロール
がスキー場側で一切行なわれていないこと。スキーパトロール
がたった2名しかおらず、ほぼ機能していないこと。そして、その
ようなスロープにゴンドラで容易にアクセスできることだ。
「これって、スキー場を極めるだけでもハンパないぞ…」
まとまった降雪から5日ほど経っていると聞いたが、広大な斜
面についているトラックは数える程度だった。
「なんて出鱈目なスキー場なんだ」
この広大なスキーエリアにスキーヤーは俺たちのみ。スキー場
のバウンダリーは一応あるらしいが何の目印もなく、パトロール
も機能していない。つまり、ほぼバックカントリーなのだ。
ワクワク感とドキドキ感がちょうど半々でブレンドされ、自分
自身の眼がギラギラと光っているのを感じていた。
さぁ、滑ろうじゃないか！！

ゴンドラ山頂駅を出ると、瞳孔に容赦なく雪光が射し込み、一瞬幻惑されたようだった。一度瞳を閉じて薄目を開けると、スキー場の裏側に広がった山々の輪郭が視界の右から左を横切って続いているのが見えた。
「あぁ…」
開いた口が塞がらないというのは、こういうことを言うのだろう。ゴンドラに乗りながら斜面をチェックして、興奮していた自分だったが、そんな斜面もこの山のほんの一部に過ぎなかったようだ。スキーヤーの行く手を遮るものは何もなく、ほの暗い谷底まで延々と続いている大斜面。そして、その対面には、世界中の広大な斜面を集結させたような山々が、その美しい稜線と沢の曲線を惜しげもなく晒していた。今までヒマラヤの山々を滑ったことは幾度もあるが、どの山も決してスキーに適した山とは言えなかった。降雪量が多くないネパールの山々では標高5,000m以上の氷河上しか滑走の対象になりえないし、昼夜の激しい寒暖差で作り上げられた雪面は、世界屈指の悪雪だった。しかも、至る所にクレバスが開きまくっているから、実際に滑って「楽しい？」と聞かれたら、率直に「楽しい！」とは言えないマニア好みの条件だったのだ。それがどうだろうか。目の前にある山々も、同じヒマラヤの末端である！
「すっげ〜〜〜〜〜！！」
一気にテンションＭＡＸの俺は鼻息を荒げて叫ぶも、「いいねー」と何故かテンション低空飛行の圭だった。
「頭痛ぇ〜」
あ、そういえばここは結構標高が高いはずだった。
SUUNTOの腕時計で標高を確かめると、3,900mを超えていた。

圭は、時差や気候、食文化、標高などの変化に過敏に反応する体質で、すべてにおいて一度大きなダメージを受けてから、徐々に復活していくタイプだ。なので旅の中で体調が絶好調ということはほとんどないが、「悪くて当たり前」というメンタリティで逆境に強いのが特徴だ。一方の俺は、得意の鈍感力で様々な変化に反応せず、何でも食えてどこでも寝れる体質が特にインドのような国には大きな武器だが、滅多に体調を崩すことが少ない分、崩れたときが大きいのが不安要素ではある。

話は逸れたが、この絶景を目の前に、テンションを上げすぎないことも、圭が長年で培った適応能力なのかもしれない。一方の俺は、わかっていてもはしゃぎすぎていた。

ゆったりと構える圭に対して、俺は一秒でも早く滑りたい一心で、目の前のスロープを遠くの山並みに飛び込むような1本を提案した。

100m程を素早くハイクアップすると、思った以上に息が上がった。久々の高所の感覚。このような高所では、自分の脳ミソに描いたイメージと身体のパフォーマンスが噛み合わないのが当たり前だ。酸素は目に見えないから判断が難しい。日本の山では味わえない、酸素との駆け引きが必要となってくる。

滑る準備を整えながら、呼吸が整ってくるスピードを確かめる。いつまでも呼吸が落ち着かず、足元がふわふわした感覚がある。身体に芯がないようなイメージ。当然といえば当然だが、今の高所順応度は0％だ。

しかし、この低酸素という甘みは、遥かなる旅をしてやってきた実感を全身で感じさせてくれるというメリットがある。酸素が薄いと山はより大きく感じられる。毎度再確認することだけど、自分の存在がちっぽけに感じられるほど、スキーヤーは幸せなのだ。

「よっしゃ、じゃあ滑るよ〜！」

カメラを構える圭がそこにいる。自分の滑りをファインダーから見ている圭がいるからこそ、この旅がある。今から4年前、フリースキーヤーとしてベテランに差し掛かった時期に、自分の活動の核となるこのプロジェクトを始めることができたのは、圭の存在があってこそだ。そんな感謝の気持ちを胸に、一向にしてテンション低空飛行の圭が「いいよ〜」と言ってカメラを構えるのを確認して、滑り始めた。

世界の雪山で撮影してきた俺は、様々な雪に一瞬で順応する能力が備わっている。プロスキーヤーとして長年やってこられたのは、この能力のお陰だと思っている。初めて滑る雪面にターンを刻むとき、まず大切なのは1ターン目。ターンの質とか滑りの形とかは関係ない。全身をセンサーにして、1ターンでできる限り雪の情報をキャッチするのだ。これを俺は「積極的な受け身」と呼んでいる。広大な景色を肌に感じながら、5割抑えたスピードで入り、まず滑走面で雪の感触を確かめる。そこから、エッジで雪の表面を薄く削るように柔らかくターンに入っていく。集中できているとエッジで雪の粒ひとつひとつを感じるような感覚がある。滑る前に歩きながら雪をチェックした情報と、ここ数日の天候の情報、斜面方位や地形の情報などを加味して、ある程度斜面の状態を仮定してはいるが、仮定は頭の片隅に置いておく程度にして、なるべく頭の中を真っさらにして滑り始めるのがコツだ。仮定がイメージを埋めてしまうと、実際に滑り始めて仮定した条件と違ったときに、順応が遅れてしまうからだ。

1ターン目の情報をもとに一番フィットすると思える動きを実践してみる。雪の条件を把握していても、自分の滑りとフィットしていなければ意味がない。

スキーがどのように雪を捉え、どのように撓み、どのように反応するのかを一瞬で見分ける。ここで、上手く集中できていると、2ターン目でこの雪ならどれくらいのパフォーマンスができるかの想像がつく。そして、3ターン目はもう少しギアを上げて最後の検証だ。自分が仮定したことを確かめる1ターン。

融雪による縦溝ができ始めているが、高速で滑っても支障ない程度だ。雪面は柔らかいコーンスノーになっており、およそ10cm程度の厚みで段階的に締まっているコントロールしやすい条件だった。表面のコーンスノーは程よく成長した粒になっていて、滑走性も申し分ない。快適な滑走が約束されたグッドコンディションである！　圭を通り過ぎ、そのまま谷底まで滑りたい欲求を何とか抑え込んだ。たった数ターンなのに、全身の細胞が蘇ったような爽快感。俺の中には「滑る」という行為が、「呼吸する」と同じくらいのレベルで存在している。つまりは、「滑る」＝「生きる」ということになる。

「ありがと〜！」と右手を上げた圭を見上げると、その直後に視界の照明が半分落ちたような感覚になった。完全に酸欠の症状だ。

「さ、さ、さ、酸素薄いな〜！」

高所順応度0％で、今日はどこまで踏み込むべきだろうか。

目の前の景色が大きすぎて、逆にどこから取り付くべきか贅沢な悩みだった。

「とりあえず、あのウィンドリップなんてどうかな〜」と圭。

大斜面の奥に薄い雪庇が長く続いている美しい稜線があり、一定の斜度で延々と谷底まで伸びている。う〜む、なんか遠く

見えなくもないけど、確かにあそこが一番美しい。
「じゃあ、ひとまず向かってみるよ。」
俺は、手際良くシールをスキーに貼り付け、緩やかな角度で稜線のトップ目指してトラバース気味に登っていった。まぁ、標高が高いとはいえ4,000mである。俺は、今までマッキンリー（6,194m）やメラピーク（6,648m）、エベレストのローツェフェイス直下（6,600m）など、幾つかの低酸素スキーを体験してきたのだ。しかし、10分も歩くうちに、経験に裏付けられた自信はあっけなく崩れ始めた。俺は高山を歩くときは時間を基準にしてペースを決めないようにしている。信用すべきなのは、自分の脈拍と呼吸だ。脈拍と呼吸が一定以上に上がらずにコントロールできるペースをできるだけキープし続けるのだ。しかし、この方法で歩いていると、困ったことに全くペースが上がらない。10年以上前に滑った6,000mの経験など、全く無意味なことを痛感せざるをえなかった。そんな俺に更なる試練を与えるかのごとく、燦々と容赦なく降り注ぐ日光が肌にジリジリと焼きつけてくる。あまりの暑さに、何度も雪をすくい上げては、頭皮に擦り込んだ。
予定よりかなり時間がかかって中間地点に到着したとき、俺たちの距離感覚が物の見事に狂いまくっていたことを自覚した。振り返ると、圭の姿がほとんど確認できないくらい豆粒のようだった。狙っている稜線を滑るには、さらに同じくらいの距離を奥に移動しなければならなかった。無線を取り出して圭を呼び出した。

俺「思ったより全然遠いね」
圭「ここからだと遠すぎて、写真は無理だわ」
俺「ここまで来てくれたら、奥の稜線も撮れると思うよ。」
圭「…」
時差ボケ、食アタリ、猛暑バテ、風邪気味、高山病。すべてを抱えている圭を動かすのは気の毒だったけど、俺もここまで来たら、あの稜線を滑らないことには気が済まない。圭の返答を待たずに、俺は奥の稜線に移動を開始した。
重たい身体に鞭を打つようペースを最低限キープして稜線のトップに辿り着いたのが15時。「やばい、もうこんな時間か…」遠くから見たスケールの何倍も、この稜線は大きくて長いようだ。そして、先ほどまで見えていなかった稜線裏の景色が明らかになると、俺は思わず一人で笑ってしまった。
「神様！ こんなにいっぺんに良い斜面を見せて、どうしろっていうんだよ！ この分じゃ、地球を滑る旅を1,000回続けたって滑り足りないよ（笑）！」
そんな独り言を吐きながらも、まずは目の前の斜面に集中することにしよう。
「タケちゃん、言ってたポイントまで歩いてきたけど…、ここから撮っても豆粒だわ（笑）」
「いいね！ デカさをとことん表現してもらおうかな！」
薄い雪庇から斜面に飛び込むと、程よい弾力のコーンスノーが受け止めてくれた。俺は、空気の薄さを少し忘れながら、スピードに乗って斜め右方向へ、雪庇との距離を保ちながら、この斜面に一番フィットしたスピードとターン弧をイメージして、全身でターン弧という名の曲線を紡いでいく。斜面に似合った滑りを求めていくと、圭と打ち合わせていた停止位置で停まることができなくなった。一発勝負とも言える「地球を滑る旅」の撮影に

おいて、少ないチャンスでいかに多くの作品を残すかが勝負の分かれ目だ。しかし、カット数という記録を残すことよりも、自分というスキーヤーにとって、この1本をできる限り長く滑り続けることが、今はとても重要なことのような気がしてならなかった。悪い、圭！ 俺のワガママだけど、行かせてもらうよ！
スピードを一定に保ち、波打ったクラスト斜面に、丁寧にエッジを食い込ませていく。身体のパフォーマンスに対して、酸素の供給が深刻に不足しているのはわかっているが、パフォーマンスを落とす気分にはなれない。少しでも酸素を取り込もうと、喘ぐように深く強く早い呼吸を繰り返した。筋肉と脳味噌の両方が、低酸素に喘いでいる。目の前がシャットダウンする直前に、俺は谷底に辿り着いた。
「す、す、す、滑ったど〜〜〜〜！」
口元のヨダレを拭いながら振り向くと、縦溝が美しくうねった雪面に一筋の儚いシュプールが何よりも輝いて見えた。
「やっぱりこれだ。俺がやりたいことは！」
スキー人生で世界中に刻んだシュプールに全てが一つに繋がっていくような感覚。俺はシュプールで地球の輪郭をなぞっているのだ。
生涯プロスキーヤー宣言をしたのは、間違いなく三浦敬三先生や三浦雄一郎先生の影響だ。23歳で「プロスキーヤーになるぜ！」と宣言して、俺は沢山のハッタリをかまし、自分にプレッシャーをかけてきた。
平凡な生い立ち、ミスターアベレージとも言える中高生時代を経て、スキーに出会ったのが大学生のとき。豪快に生きることが、自分にかけ離れた世界であり、憧れであった。

そんな自分は、ある意味本来の自分とは別の人格を演じていた部分がある。

その間、たくさんの風呂敷を広げた。「俺は一生プロスキーヤーを続けるぜ！」と、たくさんの後輩や教え子の前で、自信満々に語ってきた。しかし、どんなに頑張っても、三浦雄一郎先生の背中は遠かった。そこから先は、不安と闘いながら、意地を張り続けているようなものだった。そんな自分を支えてくれている家族がいて、スポンサーの方々がいる。同じ世代のアスリートたちは、次々と引退し、コーチや解説者などの道に進んでいく。同世代のイチローが伝説と化している。この年齢でスポーツのプレーヤーとして生きていくことは、恐らく簡単なことではない。

しかし、そんなごちゃごちゃとしたちっぽけな不安を飛び越えて、単純に滑り続けていて感じる幸せがある。フリースキーヤーには、雪上に立てる限り引退などないのだ。「スキーをすることの意味は？」と聞かれたら、明確に答えるのは難しい。世の中には「遊び」＝「二の次」という価値観があるからだ。

しかし「スキー」＝「人生において一番充実した瞬間」と言うならば…。とことん不器用に生きたいと思う。スキーしかできないヤツで結構だ。金儲けが下手？ 上等だ。ちょっと家族には迷惑かけるかな。それでも、俺が俺らしく、自分にしかない色で生きている実感を大切にしていきたい。ワガママでゴメンな。俺は、今回の人生をスキーに賭けて生きることに決めたのだ。

たかだか標高差500m程度の斜面が、何千mにも感じられる濃度を持っていた。この1本を滑るだけで、3週間かける価値がある。この1本で描いたターンの一つ一つが記憶に残り続けるだろう。ホームゲレンデに年間120日通い、思う存分に滑走して充足感に満たされるのも良いし、大きな遠回りをしてでも、鮮烈に残る1本を描くのも良い。

海外に来ると、自分の人生を俯瞰することができる。特にインドに来てからは既成概念が砕かれ続けたので、改めてすっきりと見えてくるものがあった。

「さてと…」
大斜面を谷底から見上げながら、「やっぱり降りすぎたなぁ」と反省していた。

「こんなに登るのが遅い児玉毅は初めて見たよ」
と圭が笑っていた。日本では山岳レース的なペースで登れる身体を作ってきたというのに、何という体たらく。やりたいことは満載なのに、あっという間に時刻は16時半を回ってしまった。

そういう圭も、撮影の移動で体力のほとんどを使いきっており、初日はこのへんにしておこうという意見で一致した。裏の広大なバックカントリーに目を向ければキリがないが、スキー場側のスロープが今頃美しい光の時間帯になってることは、昨日ホテルから眺めた景色でチェック済みだった。

改めてスキー場のトップからスキー場側の斜面を見下ろすと、もう既に夕闇が谷底から這い上がり始めていた。夕闇が山頂を飲み込むまでのほんの僅かな時間、雪山は魔法にかけられる。雪が刻一刻と色彩を変え、光と影の協奏曲がスキーヤーを包み込むのだ。

スキー場トップから一つ尾根を越えて大きなボウルに移動し、黄金に光る斜面を背中に太陽を背負いながらショートターンを刻む。筋のように光が残った稜線上を、圧倒的な高度感から下界に飛び込むような気持ちで1ターンを当て込む。光は次々と新しい舞台を用意してくれた。俺たちは、何か不思議な力に導かれるように、一期一会の斜面に似合ったターンを刻み、それを写真に焼き付けていった。完全に日陰に突入したところで下界を見下ろすと、まだまだほんの3割程度しか高度を下げていないではないか。目の前に広がるゲレンデは、天然のサンクラストで広がっており、斜度感と高度感でお尻の穴がムズムズするほどだ。ただでさえ人っ子一人いないコースは、ゴンドラから見守る人々の存在もなくなると、本当に山奥にきた感覚を思い起こさせ、なんとも心地好い孤独感を提供してくれた。一瞬たりとも油断できないクラスト斜面が、この山を滑っている歯応えを感じさせてくれて、ターンをするたびに「これだよ！ これ！」と独り言が口をついて出た。

こうして、足がガクガクになるまで力を振り絞ってスキー場ベースに降りた頃には、すっかりスキー場は閉店状態となっており、あんなに賑わっていたバスやタクシーの姿は一つもなかった。結局俺たちは、スキーを担いで、中途半端に長い道路をフラフラと歩いて帰った。

宿に帰ってから、インドに来て初めて心からの乾杯を交わすことができた。

ビールが死ぬほど美味かったのは言うまでもない。

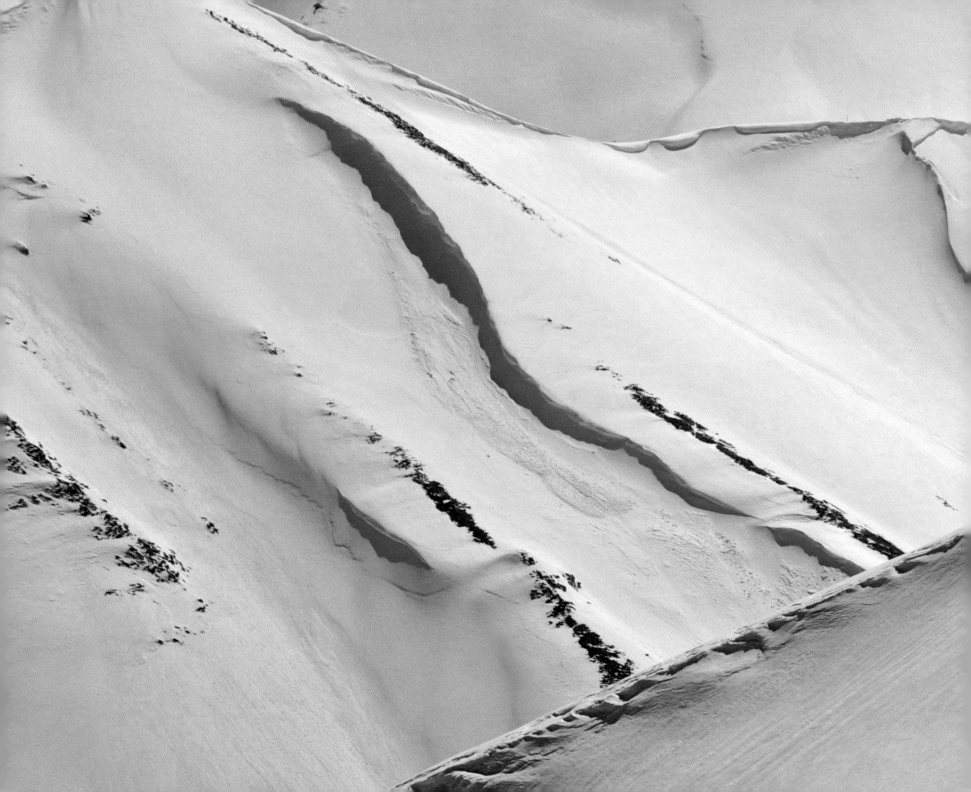

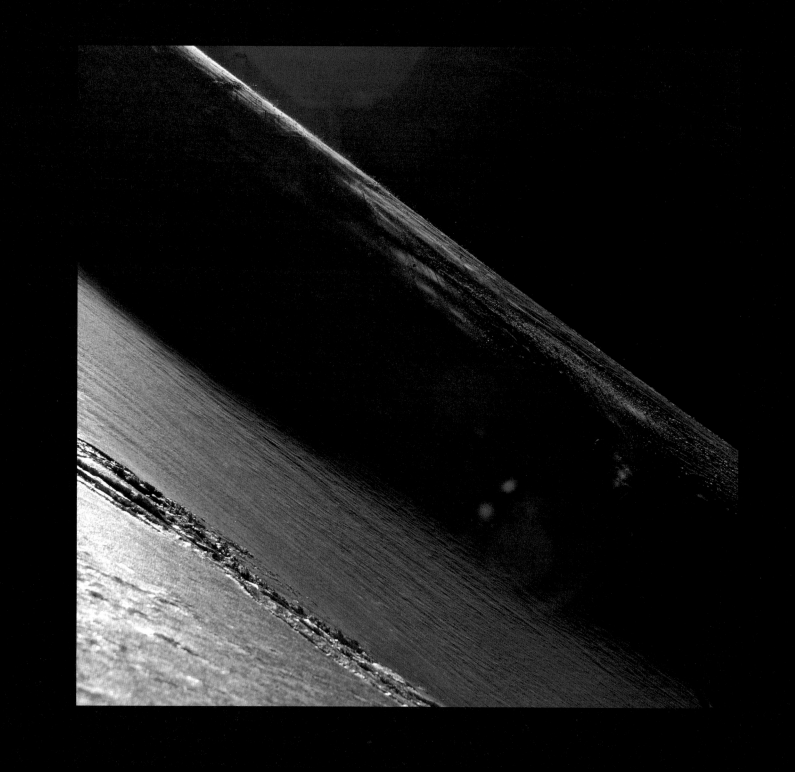

翌朝、ホテルの窓から外を見渡すと、野犬たちが解散して帰っていく姿が見えた。どうやら、犬たちの時間が終わったようだ。インドに来てから感じたのは、犬がとにかく多いことだった。今まで行ったレバノンやモロッコでは、猫が多かったが、インドではほとんど猫の姿を見ることはなく、必ず視界の中に3匹は犬がいる感じなのだ。犬たちは日中、死んでいるんじゃないかというくらいやる気がなくて眠ってばかりなのだが、18時頃からあちこちから遠吠えが響き、21時頃になると100頭を超える犬たちが集まって集会が始まるのだ。我々のホテルの目の前が犬たちの集会所なっているらしく、うるさくて眠れないほど白熱しているときもあるから困ったもんだ。一度、外に星空の写真を撮りに行った圭は、野犬の群れに危うく囲まれそうになって逃げ帰ってきた。

子供の頃に漫画で読んだ「銀牙—流れ星 銀」を思い出した。インドでは、宗教上の理由で殺生を好まないため、野犬がそのまま放置され、自然に増え続けている。しかし、インドは狂犬病の犠牲者が世界で最も多い国で、年間2万人以上が狂犬病で亡くなっているという。それなのに、人々は犬をペットのように特別な可愛がり方もしないが、邪魔者にもしない。捕まればほとんどが殺処分となる日本の野良犬に比べると、この国の野良犬は基本的犬権を有しており、犬らしい最低限度の生活を保障されているようだ。

「宿泊費の支払いを頼むよ」
昨日からホテルのマネージャー（オールバックの陽気な兄ちゃん）言われているのだが、なぜかどのクレジットカードも切ることができず困っていた。俺たちはインドの現金をあまり用意していなかったのだ。ホテルを取るときにカードで先払いしたような気もするが、未納だと言っている。もしもカードの磁気が反応しないならば、カード番号などを本部に伝えるなどして対応するはずだが、マネージャーはそのような対応を一切せず、カードの機械の電源を入れ直したり、カードを通す溝に息を「フッ」と吹きかけるだけで、首をかしげてばかりだ。

こいつに任していてもキリがないと思い、圭が予約サイトのカスタマーサービスセンターに問い合わせようと提案した。するとセンターから「お客様のお支払いは予約時に完了しています」という、明解な回答が返ってきた。
「ちょっと！ 予約サイトに連絡したら、すでに支払い済みって言ってたよ！」
と詰め寄ると、さすがのマネージャーも慌てて本社に電話をかけていた。5分後、マネージャーは満面の笑みで俺たちに握手を求めながら言った。
「二重払いにならなくて良かったな！」
こっちも嬉しかったので、思わず握手しそうになったが、うおい！ お前のミスだろ！
それにしても全く悪びれた感じのないマネージャーは、「お前たち、ラッキーだね！」と言って超ご機嫌。なんか、ここまで開き直られると、どうも憎めないから困ったもんだ。

そんな小さな？ トラブルは水に流して、今日も俺たちはスキー場を目指した。
なるべく安いタクシーを拾おうと足掻いて、ようやく200ルピーで行ってくれるドライバーを見つけた。「俺に任せときな！」と鼻息荒めの小柄なドライバーの後をついていくと、目の前に木製のソリが2台並び、「はい！ 乗って！」ときたもんだ。
お前さぁ、スキーの装備万全の俺たちの姿を見てわからないか？ そもそも、ゴンドラステーションまでタクシーってお願いしているし！ きっと、彼は明日も同じ手で俺たちを誘うのだろう。しかし、彼らにとって商売道具は古びたソリ1台だったりして、そのソリに何とかまたがってもらおうという勢いだけは認めざるをえなかった。何をするにもいちいち面倒と言ってしまえばそれまでだが、その間に良くも悪くも濃厚なコミュニケーションがある。駆け引きの中で彼らの表情を読み、声のトーンから探りを入れ、時には彼らの生活や生い立ちまで想像したりもする。気が付けば、インドに来てから、忘れられない顔がいっぱい頭に浮かぶようになった。少し気持ちにゆとりができたのか、「しゃーないな〜」と言いながら、楽しんでいる自分を発見できるようになった。

ゴンドラで中間駅まで上がると、山頂部には重たくガスが垂れ込んでいた。
雨がパラつく生憎の天気だったが、そんな関係なしの観光客が、中間駅周辺の広場で様々な雪遊びを楽しんでいた。雪を見ること自体が初めての人ばかりなのだろう。興奮が雪上に充満し、人々は目の色を変えて貪るように雪を遊んでいた。レバノンやモロッコでも雪を見るのが初めての人が多く、彼らが初めてのスキーを楽しむ姿を眺めてきたが、インドでの初めてのスキーはこれまでのどのスキー場より原始的だった。
初心者ゲレンデらしき平坦な斜面にはロープトゥーなどはかかっておらず、ガイド兼インストラクターがリフト役も兼任して、お客の背中を押して滑らせているのだ。インドに並んで

経済成長の著しい中国では、近年爆発的に新しいスキー場ができ、スキーヤーのレベルもメキメキ上がっているらしいので、インドも一種のスキーブームが起きているのを想像していたのだが、この分だと、インドにスキーブームが到来するのは、遠い未来のことだろう。

天気もイマイチだし、今日はインドのスキー文化にゆっくりと浸ることにしよう。平坦な雪原でたくさんの人がガイドに背中を押されながら滑っていた。近寄って行って間近で見ていたのだが、その下手さ加減が半端ではなく、俺は不謹慎にも爆笑してしまった。世界中で初心者のスキーヤーを見てきたが、ここまでドリフのコントみたいなコケ方をする人々も珍しい。その下手さはレンタル用具の悪さにも起因すると思うが、基本を踏まえずとりあえずやってみる国民性も反映しているような気がする。

しかし、世界のどこでも共通して言えるのは、雪という神秘の上を滑るスキーという遊びが、人々をあっという間に虜にして離さないということだ。

雪を滑るという行為が、人間の本能的な何かを刺激するのだろうか。その楽しさは？ と聞かれたとき、一言で説明するのは難しいけれど、雪がそこにあるならば、そのために世界の果てまで追いかける人々は数え切れないほどいることは確かだ。自分がそうであるように。

「兄さん、スキーレッスンはいかが？」と近づいてきたのは、ズタボロのスキーウェアを身にまとった細面の男だった。俺の格好見て、スキーのエキスパートだってわからないのか？

「ああ、せっかくだけど、俺は日本から来たプロフェッショナルスキーヤーで、スキーレッスンは必要としていないんだ」

きっぱり言わないとシツコク営業されるのはわかっていたので、切り札であるプロスキーヤーという肩書きを出した。さすがに諦めてくれるだろう。

「そっか、じゃあ山をスキーガイドしてあげるよ。どうだ？」

いやいや、もっとダメでしょ！ リングがなくてグネグネに曲がったポールで、スキーブーツも左右あべこべで、バックパックすら持っていないキミにスキーガイドしてもらうのは、思いっきり不安なんだよ！ なんか、俺が救助することになる予感がありまくりなんだよね！！ と本人には言わなかったが、「昨日も自分で行ったし、必要ないんだ。他をあたってよ」と丁重に断った。

その後も他のスキーガイドが次々に声をかけてくるのを振り切って、たくさんの屋台が並ぶ食堂エリアに歩いて行くと、スキーやソリで遊んだり、雪景色を楽しんでいる大勢の人々が、一斉に「うお〜〜〜〜！！」と大歓声を上げたのを聞いて、俺たちは思わず飛び上がった。

「なんだなんだ？」とキョロキョロ辺りを見回す俺と圭。

辺りの様子に変化はないし、ハリウッドスターがゴンドラで上がってきた様子もない。よくよく人々を見てみると、みんなが空を見上げ、手を広げて歓声を上げていた。シトシトと降っていた雨が一瞬雪に変わったのだ。

子供は喜んでピョンピョン飛び跳ね、大人も満面の笑みで両手を広げてダンスをするよう全身で雪を受け止めていた。

北海道のスキーヤーは、雨の中で滑るのが大の苦手だ。

一瞬雪に変わったと言っても、雨をたっぷりと吸い込んだ雪は、間違いなくストップ系の滑りにくい条件だろう。それでも人々の幸せな表情を見て、妙に滑走欲がくすぐられる自分がいた。

スキーを長く続けていると、ついつい忘れてしまうことがある。子供達やスキー初心者の方は、いつも大切なものを思い出させてくれる先生なのだ。

「圭、屋台村の裏の斜面。あそこ滑ってみようかな」

俺はスキーにシールを貼り付けると、周囲の人々の好奇の視線を浴びながら、屋台のあちこちから立ち上る薪ストーブの煙を抜け、まとわりつくような重い湿雪を登って行った。

笑ってしまうくらい滑走面に張り付いてくる湿雪を蹴り、無理矢理ジャンプターンを刻む。ハエが止まるくらいスピードがないが、雪との真剣勝負には変わりない。変に勢いづいてきた俺は、用意していた民族衣装のフェラニを着て、雨のカシミールに一期一会のターンを刻んだ。その国らしい格好をして、その国らしい景色の中を滑ることは、「地球を滑る旅」のルーティンになっているが、「今回ばかりは無理矢理だったかな〜」と思いながら、滑り降りてきた俺は屋台村の食堂に入った。すると、俺の周りにぞろぞろと従業員たちが集まってきた。どうやら、民族衣装を着て滑っている俺の姿を見て、相当に嬉しかったようだ。俺はあっという間に大勢の従業員に囲まれていた。普段は焼場から離れない屋台の主人までが注文した料理を直接持ってきて、嬉しそうに話しかけてきた。

「お前はムスリムか？」

「いや、俺は仏教徒なんだけど、カシミールが大好きなんだよね」

そう言うと、辺り人々は満面の笑みを浮かべてジャレついてきた。スキーは時に楽器となって、平和の調を奏でるのだ。俺は、カシミールの人々との間にあった壁が、完全に取り払われるのを感じていた。

そうだ。とても単純なことで、とても難しいことだけど、その国の人々に愛されたいのならば、その国の文化を愛し、その国の人々を愛せば良い。たったそれだけのことなのだ。

こうして、スキーを滑って、行きつけの食堂で飯を食い、ビールを飲んで眠るという、この上ない生活を手に入れた俺たちは、毎日のように友達が増え、このままここでシーズン最後の日まで過ごせたら、どんなにか幸せだろうと思っていた。しかし、徐々に厚みを増していた雨雲が山全体を包み込むと、激しい雷雨が三日三晩続いた。
「モンスーンが始まったようだ」あるスキーガイドが呟いた。
天気予報を見ると、向こう一週間は大雨の予報だ。グルマルグに着いたときはまだ豊富にあったスキー場ベースの雪は、まるで音を立てるように解けていき、今季のスキー場営業はあっけなく幕を閉じた。はっきり言って全く滑り足りないし、やりたいことのほとんどができていない。「来るのが遅かった」と言うガイドもいるが、俺は神様の計らいで、ギリギリ間に合ったと思っていた。そもそも俺たちにとっては幻のスキー場なのだ。これくらい連れない態度を取ってもらったほうが、ミステリアスな部分を残してくれるというものだ。
見渡すとグルマルグの山々は暗い雨雲に包まれ、グルマルグの街も降りしきる雨に白く霞んでいる。
「終わったね」圭が穏やかに言った。
まだまだ日程を残していたが、山を下るタイミングが来たことを俺も圭も悟っていた。

大雨のグルマルグを出発してスリナガルに帰ってきた俺たちは、カシミールの文化により深く触れるため、ダル湖で昔から水上生活をしている人々が営んでいる小さなハウスボートに投宿していた。
「朝だよ」
口数の少ない船頭のアシラフが木製の扉を3回ノックして言った。枕元の時計を手に取ると、時刻は早朝の5時。
外はまだ深い闇と静けさに包まれていた。鼻先をそっと撫でる微風すらなく、沈黙した大気は俺たちの動向を見守っているような気がする。
シカラと呼ばれるボートがいくつも浮かんでいるダル湖の湖面は、まるで鏡のように街灯の一つ一つを忠実に反射している。ひんやりとして透き通った空気。明日から40度を超える灼熱と喧騒のデリーに行くのが信じられなかった。
「何でデリーなんか行くんだろうね？」
圭が笑いながら言った。それくらい、全てが肌に合う風土だった。
船頭のアシラフは、何の合図もなく鋤のような形をした木製のオールで水をゆっくりと掴むように動かすと、シカラは音もなく水面を滑り始めた。鏡のような湖面に一筋のシワを作るのは、我々のシカラだけだった。
しばらく行くと、湖のあちこちからコーランの歌声が聞こえてきて、水路の奥に行くとまたひとつ、またひとつコーランの歌声がシンクロしていく。俺たちは、静寂以上に静寂を感じさせる囁くような神秘的なコーランに包まれて、メルヘンの世界に迷い込んだかのような幻想的な時を楽しんでいた。
俺たちが目当てにしていた水上マーケットは、ほとんど音もなく静かに始まっていた。「水上マーケットを見に行かないか？」と聞いたとき、色とりどりのフルーツや野菜がギッチリと詰まった船が所狭しと往来し、活気良く競りが行なわれている風景が想像されたが、目の前のマーケットは幾つかのボートが寄り添い、音もなく静かに取引がされている地味なものだった。
古びたシカラを巧みに操り、細い水路を進んで行く老人の姿の一つ一つが、仏像のように洗練されたシルエットで朝日の湖に浮かんでいる。きっと、湖上に生まれ、少年時代から野菜を売って生きてきたのだろう。自分は一人分の人生しか歩むことはできない。どんな人だって、もう一人分の人生すら知ることはできない。だからこそ、この多種多様な生活を営む世界の人々に出会った時の感動は大きく、一瞬でもそこに寄り添える事に喜びを感じるのだ。
「やっぱり俺は旅が好きだな〜」

宿に戻ると、隣のハウスボートに住んでいる少女が、お母さんに叱咤激励されながらシカラを操縦する練習に励んでいた。お母さんに叱られながらも、彼女の好奇心旺盛な瞳は俺たちの姿を捕まえた。舌をペロッと出して笑うと再びシカラの練習に入った。ハウスボートでの生活は、何をするにも船を出さなければならず、ある意味軟禁されているような不便さがあるが、動きを制限されることで気付くこともいっぱいある。時には歩みを止めて、じっと瞑想してみる時間も必要なのだ。ハウスボートのどこかで誰かが立ち上がれば、船全体がふわりと揺れる。この静かなダル湖に浮かぶゆりかごのようなハウスボートで、俺たちはシカラの操縦を教わったり、そこに暮らす人々と談笑して過ごした。

ハウスボートを後にしてタクシーで空港に向かう道中、たくさんの軍隊とすれ違った。複雑な歴史と宗教の間で、常に争いごとの絶えなかった土地である。今はたまたま政情が比較的安定しているが、いつ何時、訪れることができないエリアになるかはわからないというのが、この地域の実情なのだ。何しろ、カシミールがインドの統治下にあること自体が住民にとって大いに不満なことなのだ。近い将来、争いが起こるのは避けられないだろう。
空港までの道中、何度も検問を通り、セキュリティで荷物検査を受けさせられ、その厳重ぶりに閉口した。要するに、そこまでしないと安全を確保できないというわけだ。特に、最後の荷物検査は凄まじく、軍人付きっきりで荷物の一つ一つを説明させられるほどの徹底ぶりだった。軍人にとっても根気がいる仕事だろう。実際に世界のあちこちで、無差別にテロが起こっている。彼らはいつ何時、何があっても対応できるよう、100％臨戦態勢で勤めているのだ。
初めてスリナガルについた10日前、宿の主人のオススメで訪れた庭園で、チューリップの祭典が行なわれていた。そこで印象的だったのは、チューリップを背に記念撮影をする軍人たちの御茶目な姿だった。家族や恋人にメッセージでも送るのだろうか。花を心から綺麗だと思える気持ち、家族を心から大切に想う気持ち…。一体なぜ、世の中で戦争が起こるのだろうか。
「いつまでもこの地に安らぎがありますように…」
叶わないであろう願いは神様ではなく、空に祈った。

地球の滑り方（と撮り方）カシミール KASHMIR <インド北部>

児玉 毅 takeshi kodama
1974年7月28日生 札幌市出身
プロスキーヤー
大学に入ってから本格的にスキーに取り組み、卒業後、単身アメリカへスキー武者修行の旅に出る。その後、エクストリームスキーのワールドツアーに参戦しながら、国内外の難斜面、極地、高所、僻地などでスキー遠征を重ねる。2000年北米大陸最高峰マッキンリー山頂からのスキー滑降、2003年シーカヤックを用いたグリーンランドでのスキー遠征、2008年ヒマラヤ未踏峰での初滑降など、世界各地の山々にシュプールを刻む。2005年にはエベレストの頂上も踏んでいる。撮影活動も精力的に行なっており、スノー系専門誌を中心に掲載多数、DVD作品22タイトルに出演。2015年から北海道発のスキー番組「LOVE SKI HOKKAIDO」のメインスキーヤーを務める。

佐藤 圭 key sato
1972年3月19日生 札幌市出身
フォトグラファー
2009年に大雪山十勝岳エリアの懐、上富良野に移住し、そこを拠点にスキー、スノーボードの撮影をメインに活動し、メーカーカタログ、雑誌等で発表。世界各地を訪れ、国内外問わず様々な土地で多くのライダーとのセッションをライフワークとしている。

KASHMIR ITINERARY
インド〜カシミールの旅程

●**DAY1(3/24) 札幌→成田→デリー**
初のANA国際線に大興奮。
デリーに到着して早々タクシーの運ちゃんとひと悶着あり、早速インドの洗礼を受ける。

●**DAY2(3/25) デリー**
インド流になれるべく、ニューデリーの下町チャンドニー・チョークに繰り出すも、あまりの暑さと人混みに返り討ちにあう。サイクルリクシャーで走り抜けたメインバザールでの時間は楽しかった。

●**DAY3(3/26) デリー**
アーグラに行こうとニューデリー駅に行ったら、チケット売りの詐欺とスリに遭遇して意気消沈。
気分転換に行った世界遺産のフマユーンで、インドに来て初めて静かな時間を過ごすことができた。

●**DAY4(3/27) デリー**
富裕層の暮らしを探りグルガオンに潜入。高級な雰囲気が肌に合わず、帰り道に路上床屋で髪を切った。

●**DAY5(3/28) デリー→スリナガル**
エア・インディアの国内線でスリナガルへ。洪水に被災した宿で、この上ないアットホームな雰囲気でもてなされ、心の底から癒される。

●**DAY6(3/29) スリナガル→グルマルグ**
チャーターした四駆のタクシーで一路グルマルグを目指す。延々と続くオークの森を九十九折の山道が続くその先に、目を疑うほど広大な山岳リゾートが佇んでいた。

●**DAY7(3/30) グルマルグ**
独特のスキー場システムに戸惑いながら、ゴンドラに乗ってスキー場トップを目指す。高所順応が全くできていないフラフラ状態で、スキー場裏側のバックカントリーエリアを攻めた

●**DAY8(3/31) グルマルグ**
天候がイマイチだったので、中間エリアでスキー文化ウォッチングを楽しむ。今まで見たことがないくらいコミカルな転倒を繰り返しているインド人に触発されて、食堂テント村奥の斜面にシュプールを刻んだ。

●**DAY9(4/1) グルマルグ**
まさかの「今シーズンのスキー場営業終了」の宣告に唖然とするも、気を取り直して、針葉樹林の山を登って何本も滑った。ストップ雪がサイコーだった（強がり）！

●**DAY10(4/2) グルマルグ→スリナガル**
向こう1週間続く大雨予報に、泣く泣く諦めてグルマルグを去る決意。
名残しい別れがたくさんあったということは、良い旅ができた証拠だ。

●**DAY11(4/3) スリナガル**
ハウスボートに投宿し、湖上での独特の生活を体験。水上マーケットを見に行ったり、シカラ（ボート）の漕ぎ方を教えてもらったりして、静かな時間を堪能した。

●**DAY12(4/4) スリナガル→デリー**
厳重警戒すぎるスリナガルの空港を出発し、デリーへ舞い戻る。知り合った日本人のオススメでグルガオンのモールで飯を食ったら、一人4,000円もかかって顔面蒼白。（大衆食堂なら70円）

●**DAY13(4/5) デリー→アーグラ**
時間を効率良く使うため、ちょっと奮発してタクシーをチャーター。運転手がコミカルなキャラクターで、終始笑わせてくれた。世界で一番美しい建造物「タージマハール」などを観光。

●**DAY14(4/6) アーグラ→バラナシ**
アーグラから寝台列車で聖地バラナシへ。寝台列車でのスリが多いと聞いていたので、荷物を強く抱きしめて眠った。

●**DAY15(4/7) バラナシ**
早朝起きて、念願の？ ガンジス川の沐浴を体験。泊まっている宿が、ヨガの修行者が集まる怪しい宿で、エアコンをつけたら「軟弱者め…」という視線で見られた。

●**DAY16(4/8) バラナシ**
日本語ガイドのインド人たちと仲良くなり、一緒にお酒を飲んだり、ボートでプジャを見に行ったりと、かなり観光客気分で楽しんだ1日だった。

●**DAY17(4/9) バラナシ→デリー**
仲良くなった子供達に見送られて、格安航空券でデリーに帰ってきた。今回の旅が終わったような気分になった。

●**DAY18(4/10) デリー**
バラナシロスト症候群？ ほとんど記憶なし。

●**DAY19(4/11) デリー**
世界遺産のクトゥブ・ミナールを見たり、お土産を買ったりしてのんびり過ごした。

●**DAY20(4/12) デリー→成田**
充実感と身体のダメージを感じながら、深夜にオーバーチャージなしで成田への便に乗り込んだ。

INFORMATION & HISTORY

ざっくりカシミール情報

カシミールとは国家ではなく地域で、現在、パキスタン支配下にあるアーサードカシミールと、中国支配下にあるアクサイチン、そして、インド領のジャンムー・カシミールがある。今回はジャンムー・カシミールの情報だけかいつまんでお伝えする。

ジャンムー・カシミール州

人口
約1,255万人（東京都と同じくらい）

面積
222,236㎢（本州と同じくらい）

州都
夏季 スリナガル・冬季 ジャンムー（知事の意向？）

政治
インドで唯一イスラム教徒が多数派となっている州なので、特別自治権が認められている。象徴的な地位を占める大統領と一院制議会による議員内閣制

言語
ウルドゥー語、ヒンデゥー語、カシュミーリー語。英語も何とか通じる。

宗教
主にイスラム教。ヒンドゥー教の最高位カーストも暮らしている。

通貨・物価
基本通貨はインドルピー（INR）。観光地ならば米ドルを使えるところが多い。物価は世界一安いとも言われていて、定食が70円くらい。ペットボトルの水（1ℓ）が25円くらい。

気候
主に山岳性気候で、夏でも涼しく、4～6月が最も温暖で12～2月が最も寒冷。酷暑のインドの中で、唯一生きた心地がする気候。4月あら6月は避暑に訪れるインド人が多い。

世界遺産
なし（素晴らしいところがいっぱいあるのに、なぜ？）

Jammu and Kashmir

ジャンムーカシミールの旗は、インドの旗と共にその旗をあげる事を公式に認められている。その色は、元来1931年7月13日のデモでの殉教者の血を表していた赤であったが、後に労働を表す色とされた。
左側の3つの垂直の白い縞が、ジャンムー、カシミール渓谷、ラダックの3つの領域を、右側は農業を象徴する「すき」表している。

ざっくりカシミールの歴史

18世紀	大きな勢力を持っていたドゥッラーニー朝（現アフガニスタン）とムガル帝国（現インド）は、マーラーター同盟（インドの新興勢力）との度重なる戦闘で弱体化。
1801年	両勢力の影響が及ばなくなった空白地帯に、新興国シク王国が誕生。
1834年	ラダック王国（チベット系）を倒し、支配下に置く。
1841年	シク王国のドーグラー勢力とチベットの間でドーグラー戦争が起こる。
1845年	シク戦争勃発。ソブラーオーンの戦いでイギリスに敗れ、ラホール条約を結ばされる。これによって、イギリス統治のジャンムー・カシミール藩王国が成立。
1947年	イギリス領インド帝国として一つのまとまりだった広大な地域が植民地から独立。多民族・他宗教の国是（ガンディーの「一民族論」）を掲げるインドと、イスラム教徒は別個の民族とみなす（ジンナーらの「二民族論」）イスラム教を国教とするパキスタンの2つの国家に分裂。インド・パキスタン分離独立により、それぞれの藩王はいずれかの側に帰属することを迫られた。カシミール藩王は、住民の80％がイスラム教徒であるが、自身はヒンドゥー教徒という微妙な立場にあり、独立を考えていた。パキスタンが武力介入してきたことで、カシミール藩王はインドに帰属することを表明し、インド政府に派兵を求めた。
1947年	第一次印パ戦争
1965年	第二次印パ戦争
1971年	第三次印パ戦争
1990年代	パキスタンの支援を受けた過激派のテロが頻発し、治安部隊も過剰な反撃でエスカレート。
1999年	カールギル紛争
2002年	カシミールを3分割すべきだと主張するヒンドゥー勢力が現われる。また、ラダック地域の自治権拡大の要求が起き始める。
2005年	カシミール地震で大きな被害を受ける。
2006年	観光客が戻ってきたところに、それらの観光客を狙ったテロが横行。
2010年	中印国境紛争の末に、パキスタンを支援する中国を敵とみなし、パキスタンと中国に中距離弾道ミサイルの照準を合わせることを表明。
2014年	カシミール大洪水。

地球の滑り方（と撮り方） カシミール KASHMIR ＜インド北部＞

KASHMIR LIFE 食＜FOOD＞

Limca(リムカ)
インドはとにかく暑く、何か飲み物を片手に持っていないと歩くことができないくらいだ。その土地の風土に合った「妙に飲みたくなる飲み物」が大抵あるが、インドの場合はこれ！少し濃い目のライム味に強めの炭酸。どこでもありそうな清涼飲料だが、これが一番美味かった！

タンドリーチキン
どこの店でも食べられるインド料理の定番。あちこちの店でトライしてみたが、日本のチキンと比べて水分が抜けていて硬く、見た目よりは美味くなかった（日本のチキンが世界一美味い気がする）。

バターチキンカリー
コクがあって美味しいカレー。日本人的には、これとナンを頼んでおけば間違いない。タンドリーチキンと同様にチキンは少し硬いが、さすがはインドだけあって、まずいカレーには出会わなかった。

ターリー
日本でいう定食がこのターリーで、インドの庶民の味。何種類かのカレー、豆スープ、チャパティorナン、ライス、ヨーグルトなど、たくさんの皿が並び、満足感が高い割にリーズナブルだ（1皿約100円）。

プラオ
日本でいう炊き込み御飯。店によってスパイスや具材もいろいろで、比較的安いのでよく注文していた。
圭が今回の旅で一番美味かった料理は、グルマルグスキー場の屋台で食べたカシミール・プラオなんだとか。

マトンカレー
日本では頑なにチキン派の俺だが、インドではマトンのほうがコクがあり、肉も柔らかくて美味しかった。写真はマトンのミートボールのカレー。

インドビール
インドは宗教的にお酒がなかなか手に入らないので、買える時に買いだめが基本。インドで最も人気があるビールは、カワセミがトレードマークのキングフィッシャー。数々の国際的な賞を受賞しているビールで、適度なコクと強めの炭酸がインド料理にぴったりだ。

インドワイン
「地球を滑る旅」では、世界の酒も旅している。中でもスキーと切り離せないのがワインだ。インドでは、6,000人に一人くらいの割合しかワインを飲まないんだとか。「インドワインはガラムマサラの味がする…」というウワサを耳にしていたが、中には世界的に評価の高いワインもあるんだとか。でも、適当に選んだらダメだね。

マンゴーラッシー
どこのマーケットに行っても、路面でラッシーを売っている屋台を見かける。大きなすり鉢に入ったヨーグルトと果物を壺に入れ、大きな擂粉木のような棒でかき混ぜて作っている姿を見ると、あまり衛生的には見えないが、これが絶品！

インドラーメン
単刀直入に言うが、インドでラーメンは食うべきではない。インド製のインスタントラーメンを、インド流の茹で加減で作ったものが具も何も入らないで出てくるのだ。

屋台料理
なんだかよくわからない揚げ物があちこちの屋台で売られている。衛生的にも揚げ物なら大丈夫な気がするが、油はかなり古そうだ。揚げパンの中にドライカレーなどが入っていて、かなり美味い。

インド・スイーツ
インドには世界一甘いお菓子との呼び声が高いグラブジャムンがあるのを知っていたので、全てが甘そうで躊躇していたが、スイーツも食べておかないと食を制した気がしない。というわけで、一応トライ。見た目がとても華やかで、やっぱりかなり甘い。この国では、甘いものは果物で充分だと思った。

エッグカリー
卵に衣をつけて揚げたものがゴロゴロと入ったカレー。珍しいから食べてみたけど、なぜ日本でウケないのかわかった気がする。

カシミール料理
カシミール料理は、インド料理に似ている部分も多いが、中央アジア（ペルシャ料理）の影響が色濃く入っている。最も使われる食材がマトンで、マトン料理を使った料理だけで36種類もあるらしい。インド料理よりも辛く、柔らかいマトンの旨味が最高だった。

ジャガイモのサブジ
野菜に香辛料をまぶし炒め蒸しにする料理をサブジと言い、ベジタリアンの多い地域でよく食べられている。ジャガイモ＆香辛料で不味いはずがない。どこの国でも高いパフォーマンスを発揮するジャガイモに最優秀食材賞を授与したい。

謎の健康料理
ヨガの道場ホテルにて食べた精進料理風な食事。ヒエを炊き込んだものを野菜とあえて炒めた感じ？インドで食べた食事の中で最もさっぱりした味わいで、身体にも良さそうだった。

南インド料理
毎日カレー生活に疲れ、「せめて変化を…」と苦肉の策でチョイスしたのが南インド料理。写真はドーサと言って、水に漬けた米とケツル小豆を砕いて発酵させ、薄く伸ばして焼いた軽食。一般的な日本人には南インド料理のほうが合うと言われている。

スナック類
商店の天井から暖簾のようにぶら下がっているスナック菓子。種類も多くて、どれもスパイスが効いている（なんでもスパイスが効いてるな）。小さいパッケージは1袋約10円という安さも嬉しい（去年行ったアイスランドではポテトチップスの大袋が800円…）。

宿 ＜HOTEL＞

確かスキーインスキーアウトできるはずの宿
グルマルグでのスキーに集中するために、スキーインスキーアウトできる宿を予約したら、ホテルの前はただのソリ乗り場で、スキー場は3km先だった。20時以降は野犬の群れに取り囲まれ、外出不可能になる。

不便さが売り？のハウスボート
カシミールの州都でもあるスリナガルで、カシミールの文化にどっぷり浸かるため、湖上の宿であるハウスボートに投宿。ちょっと外出するのにもボートを頼まなければならないので、いちいちお金がかかるし面倒くさいが、いい思い出になった。

見た目より居心地の悪い宿
とにかく暑くて汚くてうるさいデリーの町では、宿にこもりたい気分になったが、冷蔵庫の中はカビてるし、エアコンはうるさいしで全くくつろげない。朝起きたら蚊に刺されてボコボコになった。

ヨガの道場ホテル
非常に偏った客層が宿泊する宿がごく稀にある。この宿は、人生を悟ったような不思議なオーラを持った人しか宿泊しておらず、俺たちだけが完全に浮いていた。21時が門限と書いているのに、20時半に閉めるのはやめてほしい。

人柄の良さで全て許せちゃう宿
スリナガルに到着したとき、最初に泊まったアットホームな宿。施設全てが家族と共用な感じで、宿というよりはホームステイ的な雰囲気だったが、デリーでスリや詐欺に脅かされた心を癒してくれた。

人 ＜PEOPLE＞

路上床屋のおっさん
路上で黙々と髪を切る姿がカッコ良かったおっさん。俺の仕上がりは微妙だったけど、お陰で良い思い出になりました！

グルマルグスキー場のゲレ食オーナー
ムスリムっぽい帽子をかぶって飯を食っていたら、すかさず話しかけてきたゲレ食のオーナー。彼の下で働く若者たちも、気さくでとても良い食堂だった。インド人は歳を重ねるほどにカッコ良さが増すように思うのは自分だけだろうか。

チャータータクシーの運ちゃん
風貌と似合わない甲高い声とコミカルなキャラクターでデリー→アーグラの旅を楽しませてくれた。休憩中の寝相には笑った。

ヨガ道場ホテルの向かいに住んでいる子供達
どこの国に行っても子供は可愛いが、特にインドの子供は明るくてフレンドリーで本当に可愛い。子供好きの主がホテルから出てくるのをいつも待っていて、一緒にいろいろと遊んでいた。

ハウスボートの船頭さん
ハウスボートでの宿泊も含めてお世話になった。とても物静かなキャラクターが、ダル湖の生活をより心地好いものにしてくれた。

スキーガイドの兄ちゃん
インドにも、スキーを生業として生活している人がいる。何か嬉しくて話しかけてみたら、「スキー用具を（破格で）売ってくれ！」と以後3日間しつこく言い寄られた。一つアドバイスすると、ストックのリングはあったほうが良いと思う。

シカラ（ボート）修行中の少女
学校に行く前に、お母さんに叱られながらシカラを操縦する練習をしている姿が印象的だった。彼女もまた、ダル湖の上でずっと暮らし続けるのだろうか。変わった生活をしている人を見ると、世界は広いな〜と思う。

お土産屋の気さくな兄さん
ゴンドラ乗り場の目の前に店を出している兄ちゃんと一緒に夕食を食べに行くくらい親しくなった。なお、仲良くなったらお土産を安く売ってくれる…のではなく、仲良くなったからこそ正規の値段で買ったあげるのがインド流らしい…。

日本語ガイドの兄ちゃんたちと、そのフィアンセ
お酒に厳しいインドで、まさかインド人と一緒に酒を酌み交わすとは思ってもみなかった。明るく親切で、素朴な彼らの人柄は、インド人のイメージを180度良い方向に転換してくれた。

行きつけの食堂で下働きの兄ちゃん
厳しいオーナーにどやされながら、いつも美味しい料理を作ってくれた。インド人には珍しく、恥ずかしがり屋な雰囲気が日本人っぽくて親しみを覚えた。

カッコつけたい年頃の少年たち
外国人に会うと、何にでも興味をのぞかせ、いろいろと聞いてくる少年たち。家が貧乏なため学校に行くことができず、外国人に話しかけて外国語を独学で勉強している姿が印象的だった。右の少年（ロヒト）とは、今もfacebookで連絡を取っている。

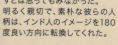

地球の滑り方（と撮り方）**カシミール** KASHMIR ＜インド北部＞

KASHMIR SKI NOW!

スキー場までの交通機関

主要なスキー場はグルマルグ、アウリ、ソラング。それぞれ違うエリアの奥地にあるスキー場なので、3つのスキー場を周るには、最低1ヶ月くらいの日程が必要（誰も行かねーよ！）。

公共の交通機関はほぼないと言っていいし、あっても全く期待できないので、少々奮発してでも、タクシーをチャーターして行ったほうが無難だ。デリーの場合、8時間チャーター、ガソリン付きで3,000円くらい。僻地になるともう一回り高くなる。マナリーからレーに通じるタングラングラ峠の最高地点は5,360mもあり、周辺では山スキーが楽しめるが、冬季は通行止め。

スキー場もその年によって積雪がまちまちなので、事前に情報収集が必須だ（俺たちはミスった…!?）。

インドの用具事情

主に1990年〜2005年くらいの用具がメインで、モロッコに比べると状態がかなり良い（比べる対象が間違っているが）。スキーショップも一応あり、古めだがファットスキーのレンタルもあるので、スキーがメインの旅行者でなければ、レンタルでも充分だと思う。

いらない用具を持って行って、帰りは売ってくるオーストラリア人が多いという。

インドではスキーの輸入品は非常に高価で、なかなか手に入らないらしく、結構な値段で買い取ってくれる。ちなみに、スキー場以外でスキー関係の用具や防寒着などは手に入らないと思っておいたほうが良い。

スキー場内でもジュースやお菓子等買い物も楽しめる。
飲食店も立ち並び、小さな集落の様でもある。

一応？リゾート地ということで、レンタルやアクティビティはいろいろと揃っている。
中でも一番人気は「ソリ」。一日中ソリを引いて、滑らせてガイドしてくれる。スキーより疲れそうだ…。

インドのスキー場（およびスキーエリア）情報

インドに12ほどのスキー場があるらしいが、そのほとんどが Tバー1本とかの質素なスキー場だ。主要なスキー場としてここで紹介するのは、グルマルグ、アウリ、ソラングの3つ。そのどれもヒマラヤを感じられるスキーリゾートだ。

グルマルグ Gulmarg

インド最大の標高差を誇るスキー場。降雪量も多く、上級者も大満足のダイナミックなコースと、その周辺に広がるバックカントリーを求めて、世界中のパウダーフリークが訪れる。グルマルグは、イギリス植民地時代に避暑地としてスタート。しかし、この20年程は、パキスタンに近いという地理的な事情による課題に直面している。カシミール分離主義者がテロ活動を行なっているため時折誘拐、国境を超えた爆撃が起こっており、スキー場付近にも重装備のインド軍が常駐している。比較的リーズナブルな価格でヘリスキーを楽しめる事でも、世界のヘリスキー愛好家に知られている。

アウリ Auli

ニューデリーから一番近いスキーリゾート(と言っても、そんなに近くないが)。スキーの首都と言われ、主に国内からたくさんのゲストが訪れる。スキー場の規模はさほど大きくなく、緩斜面が多めのコースレイアウトだが、ヒマラヤらしい針峰群や針葉樹林の景観を眺めながらのスキーは大人気だ。国営のゴンドラや、インドで一番長いリフトなど、施設面でも充実している。

ソラング Solang

避暑地として有名なマナリから北に12km。ソラングはスキーだけではなく、ハイキング、キャンプ、ラフティング、乗馬など、あらゆるアウトドアスポーツを楽しめるエリア。規模はさほど大きなスキー場ではないが、最新のゴンドラを利用して効率良くスキーを楽しむことができる。ゴンドラ山頂駅からアプローチできるバックカントリーエリアも魅力だ。

Top 3,980m	ゴンドラ 2基
Base 2,650m	リフト 1基
標高差 1,330m	Tバー 2基
滑走距離延長 30km	営業期間 11月中旬〜5月上旬
	営業時間 8:30〜16:00

Top 3,049m	ゴンドラ 1基
Base 2,520m	リフト 1基
標高差 529m	Tバー 1基
最長滑走距離 3km	

Top 3,000m	ゴンドラ 1基
Bot ,500m	Tバー 1基
標高差 500m	営業期間 11月〜5月

ヘリスキーグルマルグ

広大なヒマラヤを滑る至福のヘリスキー。比較的安い価格なので一度は行ってみたい。

例：フェイスショット・パッケージ
- グルマルグの高級ホテル6泊 食事付き(7泊目はスリナガルのハウスボート泊)
- 5日間のバックカントリースキーガイド
- ヘリスキー1日付き(1日7〜10本)
- リフトチケット&スリ　ナガル航空からの送迎・ファットスキーレンタル、アバランチギアレンタル付き
$2,700

地球の滑り方（と撮り方）
カシミール KASHMIR ＜インド北部＞

一期一会 テキスト：佐藤圭　photo：bobo

灼熱のデリーから心地好い空気のカシミール地方、スリナガルに入り、雪のある町グルマルグへ。旅の一番の目的、「滑り」を堪能し旅はハイライトへ。寝台列車に乗り込み早朝のバラナシに降り立った。楽しさとともに旅の疲れがピークになった今、ほんの少し骨休みをしようということになりこの町を選んだ。今回の旅の終わりが近づいていた。

ガンジス川のほとり、街の雑踏から少し離れた場所の宿。旅の途中にいつも通り「なんとなく良さそう！」という直感で決めた宿。金額とかはもちろん安いに越したことはないけど、ほとんどがそのときの二人の直感。当たり外れがあってもそれが旅ってもの。結論から言うと本当に良いところに泊まることができた。

到着してすぐに、人懐っこい子が近づいてきた。宿の向かいの家に住むボボとそのお兄ちゃんだった。僕が持っているカメラに興味津々で、それがきっかけですぐに打ち解けてしまった。カメラって不思議なものだなといつも思う。デジタルになった今、撮った写真をすぐに見せることができて、それを見ながら盛り上がることができる。人それぞれに違うけど、僕にとっては最高のコミュニケーションツールだ。ここに滞在している数日間、毎日の日課はこの子たちとの雑談と散歩からスタートすることになった。

僕らがボボと遊んでいる間ふと目に入ったのが、ボボの家の周りを行ったり来たり忙しく家事をこなしているボボのお姉ちゃんの姿だ。シャイなお姉ちゃんは、どんなときでも目が合うとちょっと照れくさそうに素敵な笑顔で挨拶を交わしてくれる。聞くと、学校へも行かずに家の家事全般を母親とずっとやっているという。インドの女性は皆働き者で頭が上がらない…。

ボボとは、町のほうに一緒に行ったり、ガンジスの川沿いを写真を撮りながら散歩したりした。ボボ以外にもたくさんの人たちと出会い、思い出もたくさん作ることができた。本当に良い時間を過ごせていたが、やはり楽しい時間というのはあっという間に過ぎていってしまう。気付いてはいたが、旅もそろそろフィナーレを迎えようとしていた。暑いのが苦手な僕は、ここに来たときすぐに涼しい場所に戻りたいと思った。今も相変わらず暑さにはやられているけど、この何日かですっかりここにも慣れて、しかも最高の友達もできた。

バラナシ最終日、やはり離れるときはいつも名残惜しい気持ちになっちゃうね。タクシーが来るまでの少しの時間もボボ達と過ごした。言葉は相変わらず半分くらいしか理解し合えていないけど、お互いの気持ちが通じ合えている（気がしていた）。今日は最終日だし、最高な時間を共有してくれた友達に何かお礼をしようと二人で手をつなぎ愛犬のピッピと近くのお店まで最後の散歩をした。

「冷たいジュースが飲みたい」とボボが言った。今日も４０度オーバーの気温。いくら、ここに生まれずっと住んでいると言ってもボボも暑いに決まっている。お揃いのジュースを２本買い、僕はすぐにそれを飲み干した。けれどボボは、プレゼントした飲み物を一口飲んだだけで蓋を閉めてしまった。

「そのジュース、好きじゃなかった？」と僕は聞いてみた。
「ううん、大好きだよ」では何故？　何で飲まないのかな？　少しの疑問が残ったけど、それ以上は追求しないでそのまま宿に戻った。ボボの家では今日もお姉ちゃんが食器を洗ったり洗濯物をしたり忙しく働いている。そして、いつもと変わりない笑顔で軽く挨拶をしてくれる。

と、その時ボボがお姉ちゃんの元に走って行ったかと思うと、「買ってもらっちゃった。お姉ちゃんも飲んで」とお姉ちゃんに差し出した。お姉ちゃんはそれを受け取り、すごく美味しそうに一口飲みボボに渡した。そして照れ笑いで僕に大きく頭を下げ「ありがとう」と言ってくれた。ボボはお姉ちゃんにあげるためにジュースを全部飲まないで持ってきたんだ。そして、お姉ちゃんもそれを全部飲まないでボボに渡していた。

ドラマのワンシーンのようなこの瞬間を見て、僕はものすごく幸せな気持ちになった。忘れかけていた何かを思い出したような気持ちになった。

…そんなことされたら帰りたくなくなっちゃうじゃないか。嬉しくなった気持ちと、この後すぐにここを離れなければいけないという現実が本当に辛かった。

タクシーに乗り込み最後の挨拶を交わす。
「また会いに来るからね」そう一言ボボに伝えた。
「いつ？」
ボボ、それは言わないでよ〜。短い別れの瞬間がものすごく長く感じた。やはり…別れには涙がつきものだね。隣の相棒にバレないように何気ない会話をし、車の外を見ながら油断するとこぼれちゃいそうな涙を閉じ込めていた。

一期一会。
旅は出会いの連続。本当に僕は旅が大好きだ。人と人との出会いは一度限りの素敵な瞬間で大切なもの。だから出会いがあれば精一杯の誠意を尽くさなければならないと思う。自分が努力すればもう一度会いに来ることは可能だと思う。けれど、ここに来て彼らと出会えたその瞬間は一度きりの思い出。精一杯の誠意としては安すぎる１本のジュースだったけど、その１本が何十万円する高価な贈り物と同じくらいの価値が僕らの間にはあったと思っている。お姉ちゃんのあの笑顔も絶対忘れることがないかけがえのないもの。今でも鮮明にぼくの記憶に残っている。バラナシの女神さまに出会えたのだ、そうに違いないと今でも思う。

一生に一度の素敵な出会いを下さったバラナシの神様、ナマステ！
ボボ、また会おうね。
僕がこの旅で撮った何千枚の写真より、ボボが撮ってくれたこの一枚が一番のお気に入りです、ありがとね。お兄ちゃん、お姉ちゃんにもよろしく、また会うその時まで元気でね！

Varanasi 6:00am

ガンジスの流れのように

空はピンク色から少しずつオレンジ色へとトーンを変えていく。今日も昨日も変わらず、音もなくゆったりと流れているガンジス。まだ日の出前だというのに、多くの人が川のほとりでそれぞれの一日をスタートしていた。洗濯をするオバさん、ハミガキをするオジさん、沐浴をする老人…。ちょうど朝日が上がる頃、川辺に降りる階段を大股で降りて行った。

旅の終盤を迎えた俺と圭は、デリーからアーグラに移動して、タージマハールに挨拶をし、寝台列車で最終目的地であるバラナシに入っていた。

ヒンドゥー教徒の聖なる川として有名なガンジス川を訪れたいと思ったのは、いつからだっただろうか？ もう20年以上前、沢木耕太郎の「深夜特急」などの旅エッセイを読んで、旅の世界に憧れていた自分にとって、インドは特別な場所だった。インドから帰ってきた旅人の口から吐き出されるのは、あまりにも日本の常識では考えられないことばかりだった。

「20代前半のうちに、アメリカのニューヨークとインドのバラナシは絶対に行っておくべきだ」

いつ誰に言われたかも忘れてしまったが、強烈に脳味噌に染み込んでいる。

「世界中を見て回るのは難しいから、せめて世界の両極にある2つの街に行くことで、世界観を広げることができるはず」という。

もしかしたら、沢木耕太郎のエッセイの中に綴られた言葉なのかもしれない。実際に、俺世代の多くの若者が、バックパックを背負い、ニューヨークやバラナシを目指した。

こんなにも心の中に引っかかり続けてきたのは他でもない、20代の前半でニューヨークに行って、鮮烈な体験をすることはできたが、結局バラナシはおろか、インドの地を踏むことすらなかったからだ。いち旅人として、バックパッカーの聖地ともいうべきバラナシを訪れないことは、何か大切なものを置き去りにして旅をしているような気分だった。

「やっぱりか…」

ガンジス川が聖なる川である一方、世界一汚い川と言われているのも有名な話だ。長澤まさみちゃん主演の映画「ガンジス川でバタフライ」以来、「ガンジス川といえばバタフライなんだ」と思ったおバカな旅行者がバタフライを敢行して、次々に病院に担ぎ込まれる事態が発生したことを受け、日本大使館は口を酸っぱくして、「絶対にガンジス川でバタフライしないように！」と日本人旅行者がよく利用する宿泊施設や旅行会社に注意を喚起しているという。あのさぁ、透明度0cmで真っ黒に濁った悪臭漂うドブ川を目の前にして、絶対にバタフライなんかするわけないでしょ！

ただ「汚い」という事実だけなら、まだ何とか泳げたかもしれないが、歯磨き、洗濯、排泄は当たり前。しまいには死体がプカプカ浮かんでおり、目の前で繰り広げられる人々の行動を見ていれば、なぜ汚いのかが一目瞭然すぎるのだ。この川の水が、1滴でも粘膜から吸収されようものなら、身体に何らかの不具合が起きないほうがおかしい気がする。実際、デリー在住の日本人女性が、「どうしても入りたいなら、膝までにしていたほうが良いよ」と言っていた。目、鼻、口、肛門、性器などの粘膜系は絶対に浸さないほうが良いという。肌に触れただけでも、謎のボツボツが出るのは当たり前だという。数々のおぞましい体験談を聞いてきた彼女が断言するのだから、よっぽどなのだろう。

そんなこんなで、いろいろと前情報があったけど、やっぱり入らないという選択肢はありえない。聖なる山、エベレストを源流とする聖なる川、ガンジス川に漂わない限り、この旅は終わらないのだ。

気持ち良さそうに沐浴するオッサンを横目に、恐る恐る足首まで入ってみた。

冷たくもなく、ぬるくもない、意外に気持ち良い温度だった。

もう一歩踏み出すと、川底に沈んだヘドロが足首に絡みついてきた。どれだけ汚いものが沈殿しているのか…、それはもう考えないようにしよう。妙にふわふわした川底を一歩ずつ歩き、腰まで来たところで歩みを止めた。

「あ〜あ、粘膜浸かっちゃった〜」と思いながら、ヌメッとした水を掌にすくい上半身に浴びた。少しでも神聖なものを感じようと、あらゆる雑念を排除していくが、インドの旅で腸チフスに感染して、日本に帰って2週間も病室に監禁され、ガリガリに痩せて退院した友人のタッチー（立本明広）の顔ばかりが浮かんでくる。それでも、正面に朝日を迎えながら、憧れのガンジス川に浸ってるという事実だけが自分を励ましていた。結局、自分にとってガンジス川は生活の一部でもなければ、宗教的に大切にしている川でもない。上っ面だけ真似をして、何か経験したような気分になろうとしている自分。汚いと思うこと自体が人生における邪念なのかもしれない。よりによって、人間的な未成熟具合がここで露呈したような気分だった。

皮膚がボツボツになる前に、シャワーで洗い流そうと思い、一度宿に戻った。

「yoga mandil」という名のこの宿は、圭がネットで調べて予約してくれた。
「yoga」がつくホテル名は無数にあるが、覚えやすいからそのようなホテル名にしているところがほとんどだ。しかし、我々が泊まったホテルは一味も二味も違っていた。
ホテルに入るとヒッピー風なお姉さんたちが至る所で瞑想していた。俺たちが泊まっている2階にはヨガの道場があり、全身刺青でスキンヘッドの白人男が、まさに修行の最中だった。男は奇妙な呼吸音を響かせ、不思議なオーラを放っていた。ヨガの師範が身体を摩りながら静かに語りかけると、男は1ℓほどの水を一気に飲み干していく。
「タケちゃん、あの水の色って…」
「間違いないね。ガンジス川の水…」
肌に川の水が付いただけで皮膚病になるんじゃないかとビビっていた自分が、あまりにも小さく感じられた。「あの人は多分宇宙人なのだ」そう思うことでしか、目の前に起きている現状を受け入れることができなかった。
ほどなくして、道場には刺青男と同じオーラを放つ白衣装を着たドレッドの白人たちがわらわらと集まってきた。道場が60名ほどの怪しい白人で埋め尽くされると、シタールの妖艶な演奏がホテル全体に響き渡った。シタールの演奏が終わると同時に、花いっぱいで飾られた階段を、恰幅の良い長髪のインド人がゆっくり登ってきた。その柔らかいオーラと人々が囲む雰囲気で、恐らく教祖的な人なのだろうと思った。シタールの演奏に誘われて、軽い気持ちで輪に入ってしまった俺と圭は、道場全体を包む独特の一体感にはまり、身動きが取れなくなってしまった。

この雰囲気の中で中座することは、このホテルに泊まっている以上タブーのような気がしていた。しばらくして、お悩み相談室的な時間となった。様々で悩みを抱え、ここに辿り着いた人ばかりのようだ。あちこちで啜り泣く声が聞こえてくる。俺たち二人は完全にあっけにとられながら、取るべき宿を完全に間違えたことを悟っていた。

場違いな集会から抜け出した俺と圭は、何の目的があるわけでもなく、ただ飾らないバラナシの街を徘徊した。バラナシの主要道路からガンジス川方面に入ると、乗用車が通れない細い仲小路となる。建物の日陰には牛や犬が昼寝をし、ガートの広場では子供達がクリケットをして遊んでいる。川で洗濯をしている主婦の姿や、瞑想にも見える昼寝をしながら、気長に乗客を待つリクシャードライバーの老人…。インドでも有数の観光地でありながら、それとは無関係な時間軸で人々は生活している。この時間の流れが、生き物本来の流れなのかもしれない。今日も気温は40度を裕に超えて全身汗でびっしょりだし、一歩大通りに出れば、相変わらずの交通渋滞と、人と物とが溢れかえったカオスだ。しかし、全てマイペースで進行している人々の姿に、不思議な安堵感を覚えていることに気付き、自分の変化に驚きを感じていた。俺は知らず知らずのうちに、ルールやモラルだらけの日本という檻に飼い慣らされていたのかもしれない。子供の頃、よく遊んだ空き地は草木がボウボウに生い茂り、秘密基地を作るのに格好の場所だった。公園には子供が溢れかえっていて、ありとあらゆる遊びやイタズラをしたし、町内に子供達の笑う声や喧嘩する声が響いていた。子供が近寄ってはいけない場所には、大人によって作り出された都市伝説があって、川に遊びに行くときや、病院の廃墟に近づくときは、子供ながらに勇気を振り絞って行ったものだ。大人に内緒のことなんて数え切れない。子供達は子供達の社会を形成していたのだ。それが今は、空き地は綺麗に除草され、売地（立入禁止）の看板が立ち、公園はドキドキする遊具が取り払われ、野良猫が糞尿をするから不衛生と言う理由で砂場が撤去され、ボール遊びが禁じられ、騒ぐのが禁じられた挙句、追い詰められた子供達はベンチに腰掛けてゲームをして遊んでいるのが現状だ。街にはゴミもなく綺麗になった。公園で白昼に大人がブランコしていたら、不審者として通報されるような安全な社会？だ（実際、俺がランニング後に公園でブランコをしてたら通報されそうになった）。小学校で子供が喧嘩すると、例外なく先生や親が介入するという。危ないものは事前に撤去され、何かあった場合は即刻訴えられるような時代だ。治安が良くなって住みやすくなったという言い方もある。しかし、今の自分には、現代の子供達がルールやマナーや常識や安全といった鎖につながれ、喘いでいるように見えて仕方なかった。日本がインドのようになれば良いなんて少しも思わないが、インドには日本が忘れてしまったものが確実にある。その答えがこのバラナシにあるような気がした。

街をうろついている時に声をかけてきたガイドと仲良くなった。彼は、友人が日本人女性と結婚することになり、その手続きを手伝うために、自分の仕事を3週間も休んでバラナシに来ていた。インド人が日本人と結婚する場合、いろいろとクリアしなければならないことが満載なのだという。

「いろんなインド人に騙されてきただろう？」
「日本人が大好きだから、君たちがもしインドに悪い印象を持っているとしたら、悲しいんだよ」
ヴィッキーと名乗る若者は、友人とそのフィアンセの日本人女性を電話で呼び出した。現われたタカを名乗るインド青年は、タカ＆トシのタカそっくりの底抜けに明るい男だった。連れ添った日本人彼女はとても華奢な女性で、彼女をいたわるようなタカの優しい態度が印象的だった。
彼女は一見控えめの印象だったけど、全く壁のない人で、出会って間もなく俺たちに自分のことをさらけ出して話してくれた。
「私はどうも日本でうまく生きていけなくて…。たまたま旅先で訪れたインドで私の居場所はここかも…って思ったんですよ」
彼女の学歴は日本の最高学府である。何不自由なく育ち、エリート街道を歩んできた彼女は、インド人との結婚を選び、インドに移住して貧しい生活も含めて全て受け入れていた。
「冷房なしのアパートで連日40度越えの夏に苦労しているんですよ」
彼女は柔らかい表情で笑った。インドに一瞬でアレルギー反応を起こす人もいれば、生涯インドに住む決断をする人もいるのだ。
日本は潔癖症社会だ。家屋の中に一匹でも虫がいたら、気になって眠れない人がいる。みんなと足並みを揃えない人は、後ろ指を指され、整然と均一化されることが好まれる。一方、この地に住む日本人に共通して見ることができるのは、「穏やかに受け入れる」人生観だ。
彼らがウェイターに一声かけると、裏メニューの冷えたビールが運ばれてきた。
ここバラナシも他のインドの都市と同じで、ビールを飲める店がほとんどない。
楽しく話して盛り上がったあと、通常ならば当たり前のように「おごってよ」と言われそうなところ。あまりにも楽しい出会いだったので、俺たちはそれで全然良いと思っていた。しかし、彼らは何一つ請求せず、気持ち良い割り勘でお店をあとにした。
帰りがてら、彼らの友人が経営するお土産屋さんに立ち寄った。そこには、ネプチューンの名倉潤そっくりのガイドもいて、せっかくだから彼のガイドで毎日夜20時からダシャーシュワメード・ガートで行われるプジャ見物のため、手漕ぎの船をチャーターしてガンジス川を漂うことにした。
無骨なボートに乗り込むと、黒い油のような川を船頭が力強く漕いで行く。
夕刻でもじっとりと汗ばむような暑さだ。ボートは河岸から100mくらい離れ、遠巻きに火葬場を目指して進んでいった。
火葬場は、特に厳かな雰囲気があるわけでも、悲しげな雰囲気があるわけでもない。死者はガンジス川の水に浸されて薪の上に乗せられると、喪主によって火をつけられて、大きな火柱を上げる。残った灰がガンジス川に流されるだという。火葬場の片隅には、痩せ細った老人が、最期の時を安らかな表情で待っている。その周りで鬼ごっこをして遊んでいる子供達の姿…。
「死ぬ」ということが、こんなにも生活に密着しているのを、俺は今まで見たことがなかった。
火葬場をそっと眺めた後、ボートは進路を変えてガートで行なわれているプジャの正面に向かった。人の魂を思わせる灯篭がいくつも水面に浮かんでいて、その向こうに黄金の衣装をまとった僧侶たちが、炎を掲げて煌びやかなプジャを行なっていた。太鼓やシンバルのような楽器の金属音が息もつかずに響き渡り、大勢の群衆がそれを囲んでいる。川の上から眺めていても伝わってくる熱気と、黄金と炎の眩い光に吸い込まれるような感覚を覚える。まるでお祭りのような慰霊が遠い昔から毎日行なわれてきたことを想像すると、ガンジス川が一つの宇宙のように見えてきた。大いなる大自然の輪廻に抱かれる安らぎとでも言おうか、どんなに貧しい人も裕福な人にも死は平等に訪れ、最期は灰となってガンジスに流れ、大自然に帰すのだ。
俺はそっと目を閉じて、今回の旅を思い返していた。蘇る人々の笑顔。濃厚な生活感が次々と脳裏に鮮やかに蘇ってくる。インドに来て思ったのは、肩の力を抜いて生きても良いんだということだった。インドに来た当初、俺は怒ってばかりだった。それが、インド流に慣れるうちに、いろいろと受けいれられる幅が広くなってきて、頭にくることがなくなっていた。これは果たして自分が人間的に成長したのか、逆に堕落してどうでもよくなったのかは定かではない。ただ確実に言えるのは、人々の突っ込みどころ満載の愛嬌ある姿や、騙したあとにも悪びれない笑顔など、デリカシーのない底抜けな明るさのようなものに、好感を覚えるようになったことだ。そして、自分自身がインドを受け入れるようになってから、どんどん良い出会いに恵まれるようになった。これも引き寄せの法則というのだろうか。もし、ここに一生住みなさいと言われたら即答で拒否するけど、遊びに来る分には、ちょっと癖になるかも…。

バラナシを離れるとき、圭の周りにたくさんの少年が駆け寄ってきた。フレンドリーを絵に描いたような空気感を持っている圭は、

どこの国に行っても子供達に好かれて、すぐに友達になってしまう。俺がスキーをコミュニケーションのツールとしているように、圭はカメラをコミュニケーションツールにして交流を広げていた。群がる子どもたちの中にロヒトという中学生くらいの少年がいた。彼はインターネットで連絡を取り合う方法をしきりに聞いてきたので、俺のFacebookアドレスを教えたのだが、連絡を取り合うのが難しいのはわかっていた。彼は学校に通えないくらい貧しく、Wi-Fiを使うこともできなかったからだ。インドは全人口の35％が1日1ドル以下で生活する貧困層で、世界の貧困人口の3分の1を抱えている。俺たちが目にしたのは、懸命に家事を手伝う少女や、外国人に積極的に話しかけて、独学で外国語を習得しようとする少年の姿だった。様々な問題を抱えるインドから学ぶべきことは多く、正直、今すべてを整理することは難しいけど、この複雑な気持ちを大切に日本に持って帰ろうと思った。インド滞在に疲れ、一刻も早く日本に帰りたい自分がいるのだが、この濃厚な日々が終わってしまうことを寂しく思っている自分もいて、自分自身に驚いていた。特に圭は入国した翌日にお腹を壊して、3週間経った今も調子が悪いにも関わらず、そのまま住みついてしまいそうなほど、現地に馴染んでいた。

最後に旅の終わりの乾杯で締めたいところだったが、そんなときにビールが手に入らないのも、最後までインドらしい（笑）。いつもなら「次はどこに行こうか？」と作戦会議が始まるところなのだが、「その話はおいおい」ということで二人の意見は一致した。俺たちは飲みなれた清涼飲料水で乾杯を交わすと、初めてインドの土を踏んだときとは違う足音でゆっくりと歩んで行った。

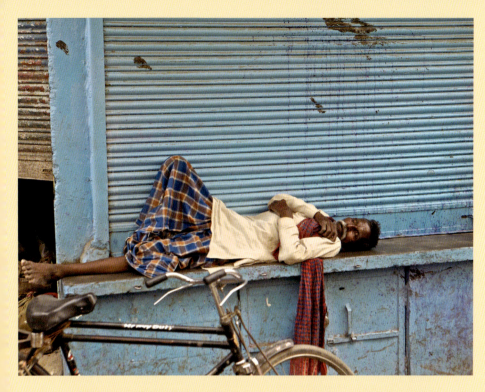

インドで一度もお腹を壊さず乗り切った俺だったが、
帰国して一週間経って謎の腹痛に見舞われ、ダウンしてしまった。
圭も相変わらず調子が悪かったので、病院に行って診てもらったら、重い胃腸炎と診断されたそうだ。
具合は悪いが息子たちとの嬉しい時間を自宅で過ごしていると、携帯にメッセージの着信音が鳴った。
「とっと（父ちゃん）、誰から〜？」と聞いてくる息子に、
「ちょっと待って」と携帯をチェックする。
Messengerでのメッセージ送信者は、見慣れない名前というか、どこの国の人かもわからなかったので、
迷惑メッセージかと思ってプロフィールをよく見ると、中学生くらい少年は見覚えのある顔だった。
「ロヒト！」俺が声を上げると、
「だれ〜？」と好奇心旺盛の息子が聞いてきた。
ロヒトから送られてきた写真を見て、俺は思わず笑ってしまった。
ロヒトは、友達みんなで水浴びをしていた。茶色い水は間違いなくガンジス川だろう。
全員が白い歯をこぼし、最高の笑顔で写っていた。
つい数日前、インドの北部で最高気温が51度になったというニュースを見て心配していたのだが、
写真に写っていたのは、まるでハワイのワイキキビーチで水浴びする少年のようだった。
「いいな〜。すっごく気持ち良さそう！ どこなの？」
「気持ち良さそうか（笑）。インドだよ。旅に行ったときに仲良くなった友達なんだ」
「どんなところ〜？ いいなぁ、俺も行ってみたいな〜」という息子に、俺は少し考えてから言った。
「そうだな〜。良いところか悪いところかは自分次第かな。
ただ、若いうちに絶対に行っておいた方がいい場所だよ」
息子は不思議そうにしばらく俺の顔を見ていたかと思うと、
「オッケ〜！」と言って抱きついてきた。
息子がもしインドに行くとしたら15年くらい先のことだろうか。
それまでインドが今のままであって欲しい。
身勝手かもしれないけれど、そんなことを思っていた。